国家自然科学基金项目：中国上市公司股票回购时机研究：理论、实证与政策（项目编号：71373162）

中国上市公司股票回购时机研究

ZHONGGUO SHANGSHI GONGSI
GUPIAO HUIGOU SHIJI YANJIU

黄 虹 / 著

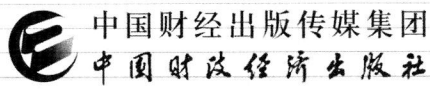

中国财经出版传媒集团
中国财政经济出版社

图书在版编目（CIP）数据

中国上市公司股票回购时机研究／黄虹著．—北京：中国财政经济出版社，2017.12

ISBN 978-7-5095-7911-4

Ⅰ.①中… Ⅱ.①黄… Ⅲ.①上市公司-股权管理-研究-中国 Ⅳ.①F279.246

中国版本图书馆 CIP 数据核字（2017）第 299338 号

责任编辑：段　钢　　　　　责任印制：杨　军
封面设计：孙俪铭　　　　　责任校对：刘　靖

中国财政经济出版社 出版

URL：http：//www.cfeph.cn

E-mail：cfeph@cfeph.cn

（版权所有　翻印必究）

社址：北京市海淀区阜成路甲 28 号　邮政编码：100142
营销中心电话：010-88191537　北京财经书店电话：64033436　84041336
北京财经印刷厂印装　各地新华书店经销
710×1000 毫米　16 开　10.25 印张　200 000 字
2017 年 12 月第 1 版　2017 年 12 月北京第 1 次印刷
定价：58.00 元
ISBN 978-7-5095-7911-4
（图书出现印装问题，本社负责调换）
本社质量投诉电话：010-88190744
打击盗版举报热线：010-88191661、QQ：2242791300

目 录

第一章 绪论 ·· 1

 一、立项依据与研究内容 ························· 3

 二、研究内容、研究目标及拟解决的

  关键科学问题 ································· 11

 三、拟采取的研究方案及可行性分析 ········· 19

第二章 股票回购市场择机能力及影响因素研究 ······· 25

 一、引言 ·· 27

 二、文献综述和研究假设 ······················· 28

 三、研究设计 ······································ 32

 四、实证结果及分析 ····························· 37

 五、结论与启示 ··································· 45

第三章 管理弹性对股票回购市场择机

   能力的影响研究 ································ 47

 一、引言 ·· 49

 二、文献综述与相关理论 ······················· 49

 三、管理弹性对股票回购择时影响机理 ······ 54

 四、管理弹性对股票回购择时能力研究设计 ··· 55

五、管理弹性对股票回购错误择时
　　　　能力实证结果 ……………………………… 59
　　六、结论与启示 …………………………………… 65

第四章　股票回购市场时机选择的预测性研究 ………… 67
　　一、引言 …………………………………………… 69
　　二、理论回顾与假设提出 ………………………… 71
　　三、研究设计 ……………………………………… 73
　　四、实证结果及分析 ……………………………… 80
　　五、结论与展望 …………………………………… 84

第五章　基于股票回购行为的相关研究 ………………… 87
　主题一：新兴市场股票回购公告的价值效应研究 ……… 88
　　一、引言 …………………………………………… 88
　　二、文献回顾 ……………………………………… 89
　　三、研究方法、模型和研究样本 ………………… 92
　　四、实证结果 ……………………………………… 96
　　五、差异分析 ……………………………………… 103
　　六、结论与解释 …………………………………… 105
　主题二："回购+动态考核"限制性股票激励契约模式研究——
　　　　基于昆明制药股权激励方案的讨论 ………… 107
　　一、引言 …………………………………………… 108
　　二、理论命题 ……………………………………… 109
　　三、回购式动态考核限制性股票
　　　　激励案例描述 ………………………………… 112
　　四、回购激励模式的合理适用性分析 …………… 114
　　五、回购激励模式的有效性验证 ………………… 116
　　六、结论与启示 …………………………………… 121

主题三：不良回购动机的市场识别检验：复牌借口假说——
　　　以 2015 年中国上市公司股票回购为例 ………… 122
　一、引言 ……………………………………………… 123
　二、文献回顾与研究假设 …………………………… 125
　三、研究设计 ………………………………………… 129
　四、复牌借口动机假说检验 ………………………… 132
　五、结论 ……………………………………………… 141

参考文献 …………………………………………… 143
后记 ………………………………………………… 159

中国上市公司股票
回购时机研究
Chapter 1

第一章 绪 论

相比较标准金融学的市场有效性假设的局限性，建立在非有效市场基础上的行为金融是近20年来金融学理论的重大突破，而市场时机理论又是行为金融学对于证券发行、资本结构、投融资等公司财务领域进行分析的一个基本的理论框架。相比于市场均衡有效基础，市场时机理论在处理各种不确定性（非理性）、减少规则数目、抗噪声干扰等方面都具有明显的优越性。因此，近年来在国际上，市场时机理论体系的研究正逐渐成为一大研究热点，其理论、方法和应用的重要性日益受到重视。

在目前的市场时机理论的研究中，市场时机理论体系的构建主要是建立在股票错误定价时机模式和信息动态不对称时机模式（Baker and Wurgler，2002）的基础上。前者是关于投资者或管理者的一种非理性模式：投资者在情绪高涨时会推动股价上涨，导致股价被高估；但在情绪低落时则会推动股价下跌，导致股价被低估。当管理者认为股价被高估时，会选择股票融资，以利用股权融资成本相对较低的优势；而当管理者认为股价被低估时，则会选择债权融资（也称为"债务融资"）或回购股票，以避免股权融资成本过高造成的损失。后者是假设投资者和管理者都是理性的，为降低信息不对称导致股价低估的程度，管理者总是选择信息不对称程度较低的时机发行股票，从而降低信息不对称对股票价格的冲击。

美国等成熟资本市场和世界各国不同资本市场的研究结论都表明，市场时机对公司融资决策的影响具有一致性，市场时机是公司制订融资决策时需要考虑的重要因素。证明了市场时机效应确实存在，确实会对公司资本结构产生实质性影响，从而证实了市场时机理论的合理性。但在持续的研究中也不免产生了一些争议，如市场时机代理变量问题、市场时机长短期效应问题等。因此，在今后研究研究中，市场时机理论的框架体系、方法上尚需更进一步的细化和完善，可以预见，增加对新兴资本市场的影响因素和作用机理的研究，能弥补经验知识或训练数据中信息量不充分造成的缺陷，对提高市场时机理论的作用有重大意义。

中国作为新兴的资本市场之一,非有效市场的特征表现得更加丰富,行为金融学更有用武之地。目前,中国资本市场因制度不完善而形成的"政策市",致使政府监管也成为引发市场时机的一个主要原因。因此,根据中国股市市场时机效应的成因和机理,有效识别中国资本市场的时机因素,加强市场时机资本结构理论在中国的研究,对完善理论本身和规范中国资本市场发展都具有重要的理论和实践意义。

一、立项依据与研究内容

本书对市场时机理论的研究是通过股票回购视角展开的,因为股票回购行为的"单纯"易行和可计量性,成为财务专家研究企业行为和市场行为的重要窗口。股票回购是一把"双刃剑",既可以体现管理的灵活性,成为贯彻管理者战略意图、提升企业价值的重要工具,也可能被管理者所利用,成为道德风险或逆向选择的手段。

我国资本市场开放已20多年,主板上市的公司总数1800余家,还开辟了创业板,股票市场的流动性对中国经济的发展也产生着日益重要的影响。我国股市较集中发生股票回购行为,主要出现在3个时间段:2005年股权分置改革推动下的回购潮、2008年金融危机下的救市潮、2010年后又涌现出了配合股权激励的限制性股票回购潮。从研究的可行性方面也积累了一定数量的研究数据,同时制度和法律方面也相应出台了系列政策。

(一)研究意义

本书针对非有效市场的现实背景,以市场投资者的非理性估价为条件，基于管理者公开市场股票回购的决策行为，以中国上市公司为对象，应运用案例、理论模型和实证检验等多种方法，分别就管理者的理性假设和非理性（过度自信）假设来研究市场时机理论在中国的适应性，丰富和完善投融资理论内涵，增加理论的解释力度。特别是，结合新兴资本市场的特点，研究有限理性的管理者选择市场时机的动机、能力、影响因素和影响效应，为政府的有效监管提供依据，为完善公司治理结构提供新的思路。该命题的研究切中了国际前沿的热门课题，具有重要的现实意义和理论价值。

总之，本书的研究意义具体如下：

第一，引入行为金融的观点和理论，研究中国上市公司市场时机效应的成因和机理，有效识别中国资本市场的时机因素，不仅能对中国上市公司的特殊融资投资现象进行更微观和定量的研究，对公司投资预算决策和资产定价也具有重要的现实指导意义。

第二，市场时机理论的真伪证明，是一个世界难题，本书力图从上市公司实际的股票回购行为作为"窗口机会"，建立研究模型，来检验管理者的择时动机和能力，为如何寻找有利的市场时机提供路径，丰富市场时机理论的内涵和效用。

第三，增加新兴资本市场元素，股票回购行为的研究。这不仅可以另辟蹊径，完善市场时机理论，同时，也有利于丰富股票回购的理论，为进一步发展我国企业的战略投融资理论和加强资本市场监管探索一个新的领域。

第四，有利于丰富公司治理的内涵。因为管理弹性是公司治理的核心问题。在管理者非理性假设下，管理者的股票回购市场时机选择，可能会因为管理者过度自信而损害到股东的利益，本书也将通过建立模型，加以实证分析。

(二) 国内外研究现状及发展动态分析

近年来,随着行为金融学的发展,许多学者将不确定决策过程中的认知偏差与心理范式应用于公司的投融资决策分析,形成了公司行为金融中的市场时机理论,其主要从投资者非理性和管理者非理性两个视角来分析非理性行为对企业投融资决策的影响。

1. 市场时机理论研究:资本结构视角

Stein(1996)在系统研究非理性市场条件下的理性资本预算问题时,最早提出了公司融资的市场时机选择假说(Market Timing Hypothesis)。Stein认为,股票市场并非理性,股票常常被错误定价,随着股票市场价格的上下起伏,企业存在一个最佳融资机会窗口。理性的管理者会充分利用投资者的非理性和市场时机,采取不同的融资行为,即当公司股价被市场高估时,理性的管理者会利用股权融资的低成本优势,发行更多的股票;相反,当公司股价被市场低估时,理性的管理者会通过回购被低估的股票来使公司价值最大化。

市场择机最明显的证据是Graham和Harvey(2001)对392个CFO进行的问卷调查,其结果显示,管理者能把握市场时机,2/3的CFO赞同公司股票被低估或高估的价差是公司发行权益的重要考虑;在权益发行中,将近一样多的CFO同意,如果股价最近上升,他们能以高价出售股票。同时,调查发现市场时机也是债务融资的一个重要动机,当利率特别低时,公司发行债务;当短期利率比长期利率低时,大部分CFO偏好短期债务。

在Myer和Malluf(1984)、Lucas和MoDonald(1990)、Korajezy、Lucas和Menonald(1991)的相关研究的基础上,Baker和Wurgler(2002)系统研究了股票市场时机对资本结构的影响。他们提出了两种股票市场时机模式:即信息不对称动态时机模式和股票误定价时机模式。Baker 和 Wurgler 认为市场价值与账面价值比的波动衡量了逆向选择的变化，公司自创了可供利用的时机。他们认为，错误定价是管理者选择市场时机的重要动因；关键性的假定是管理者相信他们能成功选择市场时机。在研究检验中，他们以外部加权平均市值账面比作为市场时机的替代指标，检验市场时机对资本结构的影响。他们证明公司过去的市场价值对资本结构具有显著和持久的影响，其显著程度超过了其他的决定因素，且这种影响可持续 10 年之久，认为资本结构是公司过去根据市场时机进行融资活动的累积结果。

Welch（2004）研究股票价格变动对资本结构的影响。他把影响资本结构变化的因素划分为公司的净发行活动和股票收益，结果发现，1~5 年内资本结构的变化，股票收益可以解释 40%，而证券发行活动可以解释 60%；且发行证券并不是用来弥补股票收益变化引起的权益价值变化所导致的资本结构变化的。这说明在股价持续误定价导致股票收益变化时，股票收益变化影响公司的资本结构，支持了市场择机行为。Huang 和 Ritter（2005）运用股权融资成本检验了市场时机对资本结构的影响，发现市场时机是公司选择发行证券的重要决定因素，上市公司对资本结构的调整速度很慢，这种缓慢的调整速度表明市场时机对公司资本结构具有长期影响。Chang 等（2006）、BieHaan（2004）分别研究了市场时机对日本、荷兰等公司资本结构的影响，研究结果均表明存在市场时机效应。

Roll（1986）最早提出了管理者非理性问题，他针对并购时目标公司出现溢价问题进行了研究，首次提出了傲慢（Hubris）假说，研究管理者过度自信对企业并购行为的影响。他指出，并购活动并不会为企业带来收益，仅仅是并购者高估了并购收益，对并购的协同效应过于自信，忽视了收购中的赢家诅咒，从而可能出现出价过高的现象。基于管理者过度自信的研究文献及 Roll 的傲慢假说，学者们相继研究与检验了管理者过度自信对公司的投资、并购、融资、股利等财务决策的影响。应该说，管理者非理性（过度自信）行为的存在，动摇了传统公司财务理论关于"理性人"假设的基石。为丰富市场时机理论的研究提供了新的因素和研究领域，但由于理论较新，特别相关的文献国外也不多见，本书主要结合股票回购时机研究收集文献，发现盈余管理、薪酬计划和管理者过度自信是管理者非理性的表现。

我国基于市场时机的融资决策研究角度主要为：①融资行为中市场时机选择的存在性；②对股权融资偏好的解释；③股权融资方式选择的解释；④对资本结构的影响；⑤市场时机对融资规模决策影响，取得了一定的研究成果。刘澜飚、李贡敏（2005），才静涵、刘红（2006），刘端等（2005），刘星等（2007），李小平等（2007），郭杰等（2012）以 IPO、SEO 或并购为"窗口机会"，扩展和发展了资本结构理论研究，但结论并不统一，大多数支持市场时机理论，但也有不支持的，最突出的是，近两年的研究成果得出，政府管制是造成我国实际状况与西方市场时机理论产生偏差的主要原因。

2. 市场时机理论研究：股票回购视角

在美国，关于股票回购的市场时机假说的实证研究主要分依据回购公告数据和回购的实际交易数据为基础进行的研究。由于受到信息披露的限制，比较重要的文献主要出现在 2004 年以后，公开发表的论文数量在 10 篇左右。

利用股票回购宣告数据研究的主要结论有：公开市场股票回购宣告产生了股票超额收益（Vermaelen，1981；Comment and Jarrell，1991）；在股票回购的宣告期内，较长时间里都会有超额收益的存在（Ikenberry et al.，1995；Chan et al.，2007）；因此，股票回购宣告后并不需要实际回购股票（Simkovic，2009；Stephens and Weisbach，1998）。

利用实际公开回购股票的数据研究的主要结论有：Stephens 和 Weisbach（1998）发现本季度的股票回购量与前一个季度的差额收益

成反比关系；Cook 等（2003）发现公司在股票下跌后宣布回购，Cook 等（2004）发现回购成本低于纽约证券交易所公司的基准成本；Fried（2005）强调了通过回购股票被低估的股票，财富转移从出售股东转给非售股东，通过回购低于公允价值的股票，知情人士（他们不太可能按这样的价格出售）从销售股东（他们往往不知情）提取财富，他认为非售股东按照比例受益于这种财富转移。内部人士越高的持股比例，受益将越多，越有动力选择回购时机。这种"财富转移效应"可以积极预测内部所有者回购的时机和回购利润。

Chan 等（2007）发现，公司伴随股票回购宣告这一年的超额收益要比很少或零宣告年的大得多。Bozanic（2010）的研究表明，股票回购量与之后的股票收益负相关，与领先的市场平均价与当月的回购价的差额正相关。Amedeo De Cesari 等（2012）也使用滞后的和事先的市场调整后的收益作为解释变量，在控制标准风险因素后，考虑回购交易时机的虚拟变量是否是股票收益的重要决定因素。Amedeo De Cesari 等（2012）的研究表明，美国公开市场股票回购对非售股股东有利。定期回购股票对公司产生的利润与所有制结构是显著相关的。机构持股比例降低了公司以低廉价格回购股票的机会。当机构投资者持股比例较低时，内部人持股增加了时机选择的利润；当持股比例较高时，相对减少。市场的流动性与公开市场股票回购利润呈正相关。

除美国以外，加拿大（Ikenberry et al., 2000；McNally et al., 2006；McNally and Smith, 2007）、法国（Ginglinger and Hamon, 2007）的学者都取得了一致性的结论，即股票回购的成本要低于市场的基准成本，说明存在着市场时机假说。

Hribar, Jenkins 和 Johnson（2006）验证了股票回购的盈余管理动机，Malmendiere 和 Tate（2005）、Campbell 等（2011）、Chen 和 Wang（2012）验证了管理者过度自信是如何影响公司融资决策的，只有 Alice A. Bonaimé 等（2012）从管理弹性对回购时机选择的影响，得出管理者过度自信和盈余管理是错择的主要原因。

在我国研究股票回购的动机和回购效应的文献已不少,干胜道等(2010)、黄虹等(2009)、谭劲松等(2007)、徐国栋等(2003)通过实证分析和案例研究,研究了我国上市公司股票回购的动机。证明了存在信号传递假说、信息不对称假说和财富转移假说等。但将其与市场时机理论结合起来研究的论文非常稀少,在回购时机的研究方面,薛爽(2006)对中石油向下属3家上市公司(辽河油田、锦州石化、吉林化工)流通股股东同时发出回购要约并退出市场的案例进行了研究,从收购方财务状况、被收购方股票价格、法律环境变迁和规避股权分置改革等几个方面分析了中石油对回购时机的准确把握和对相关法律、政策的成功规避,有效地降低了回购成本。黄虹(2012)依据我国股票回购在2005~2008年反映出的集聚现象,利用经济周期指标M2,验证了股票回购公司的回购量、自由现金流和经济周期波动之间是否存在协整关系,初步得出自由现金流有一定的预测回购的作用。但是,由于样本量和政策制度的限制,在多重指标设定和模型改进方面还有待改进。

3. 研究评述

市场时机理论研究的成果增强了在资本结构理论的解释力度。资本结构理论经历了一个不断发展、完善、创新的过程。其研究的关注点从"物"转变到"人",从单纯的权衡问题转为制度设计进而转向对人的因素、从理性行为转为非理性行为的研究,更符合公司金融学的本质。这些理论为本书的研究奠定了坚实的理论基础,同时也为资本结构理论的理论与实践发展的研究提供新的经验证据。但是,由于研究方法多以实证为主,还没有形成一个完整的研究框架。主要不足表现在:

(1)研究结论不一致。市场时机理论对资本结构选择的短期效应是一致的,但是否有长期效应的结论不一致,管理者过度自信与债务期限结构之间的研究结论仍存在争议。这可能源于各国融资机制、公司的治理结构存在迥异。因此，在我国特殊背景下，中国上市公司管理者是否存在过度自信的认知偏差？如果管理者存在过度自信，其融资时机的选择是否遵循融资优序理论？有待于深入探讨。

（2）理论模型研究较多，实证研究相对滞后。目前研究方法多以理论模型推导，特别是管理者过度自信与公司价值之间关系的研究；而且从学者们的理论模型研究结论看，结论也不一致。例如，GervaiS、Heaton 和 Odean（2005）模型显示管理者过度自信能增加公司价值；而 Fairehild（2006）、Goel 和 Thako（2008）和陈其安等（2007）的模型表明管理者过度自信对公司价值有呈正、负面效应，也有非线性关系，这意味着管理者过度自信可能存在一个临界点，但如何寻求该临界点、如何通过实证使上述理论模型得以验证有待于研究。

（3）系统性和深度研究不够。由于该领域的研究刚兴起，研究思路较为零散和不够深入；对公司融资决策的研究仅涉及表象，管理者过度自信公司选择时机如何影响公司绩效方面的研究较少涉及；同时未能从管理者过度自信视角深层次地探究公司资本结构的动态调整、不同财务杠杆（经营负债杠杆与金融负债杠杆）效应的检验。

（4）国内对该领域的研究刚刚涉及，更是缺乏系统地研究。大多数支持市场时机理论，最突出的是，近两年的研究成果得到政府管制是造成我国实际状况与西方市场时机理论产生偏差的主要原因的结论。对于管理者过度自信与公司融资行为的相关研究较为缺乏。

（5）股票回购时机理论研究匮乏。从国外来看，基于股票回购视角的市场时机理论研究，几乎是伴随着市场时机理论一起发展的，研究结果证明了股票回购的市场时机假说的存在。但是该假说对企业价值的传导机制和影响机理方面还在探索和完善中，重要的文献并不多见,国内直接相关的研究就更加稀少。显然,通过可以被管理者掌控的回购决策行为来研究市场时机选择对股东是否有害?是否可以成为协调管理者与投资者冲突的调节器?在研究中,加入市场流动性、管理弹性、投资者和管理者异质性、政府行为等新鲜因素,定会丰富市场时机理论的内涵,进而完善公司治理结构,为投融资理论的研究提供新的思路。

二、研究内容、研究目标及拟解决的关键科学问题

(一)研究目标

本书拟展开对我国上市公司股票回购市场时机理论的研究,旨在丰富和完善投融资理论内涵,增加市场时机理论的解释力度。

具体有3个目标:(1)构建我国股票回购市场时机假说理论框架,建立模型分析和证明市场时机理论的动机,实证并结合案例分析,探究我国公开市场股票回购市场时机的影响因素;(2)在投资者非理性假设下,进一步放宽条件,假设管理者非理性(过度自信),实证分析管理弹性假说,即通过"回购窗口"研究不适宜时机选择及动机;(3)结合经济周期理论,探究股票回购市场时机选择的预测性。

通过以上研究来满足目前对非有效市场现实中投融资理论适用性要求日益增高的迫切需求,特别是,结合新兴资本市场的特点,研究有限理性的管理者选择市场时机的动机、能力、影响因素和影响效应,为资本市场监管或企业战略布局提供有潜在意义的政策建议。为完善公司治理结构提供新的思路。

(二) 研究内容

针对以上研究目标，本书拟开展以下 5 个方面的研究：(1) 公开市场回购股票的市场时机动机研究；(2) 公开市场股票回购的市场时机的决定因素研究；(3) 公开市场股票回购的管理弹性假说研究；(4) 结合经济周期理论，探究股票回购市场时机选择的预测性；(5) 基于股票回购是市场时机行为的资本市场监管的政策建议。研究内容见主框架如图 1.1 所示。

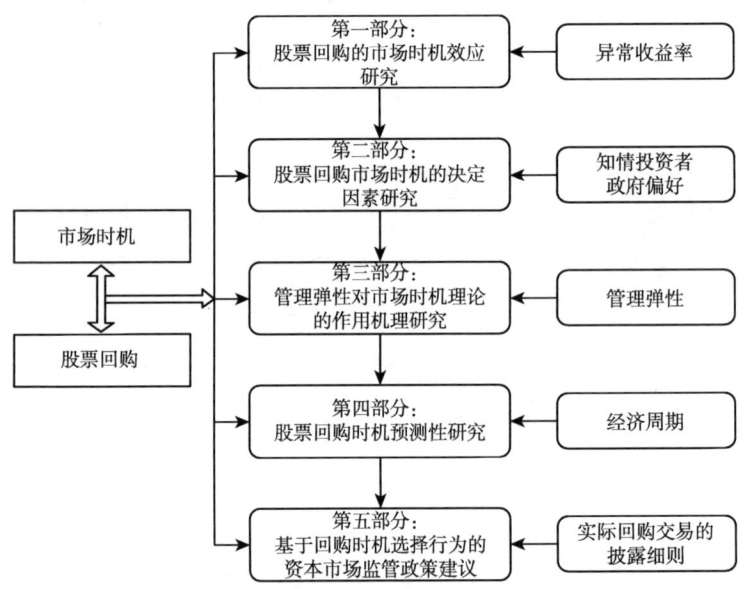

图 1.1 研究内容的主框架

第一部分：股票回购市场时机的效应研究

在该部分中，我们将分析公司在执行公开市场股票回购时，是否以相对较低的价格回购股票，以证明公司能够时机性地安排在公开市场上购回股票。

所谓股票回购的"市场时机假说"是指，上市公司能够安排时

第一章 绪 论

机,适时进行股票回购,以较低的回购价格,较低的回购成本,产生回购收益(Ikenberry et al.,2000)。本部分包含的研究内容之间的逻辑关系如图 1.2 所示。

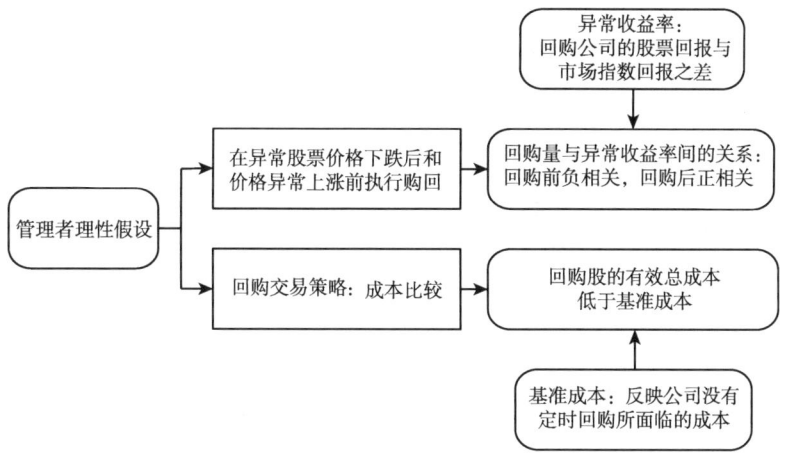

图 1.2 第一部分的研究内容

从文献回顾来看,以前通过对美国上市公司回购交易的时间的研究受限于历史,缺乏可靠的数据。在 2004 年之前,美国公司并没有透露详细的价格和回购交易量数据。因此,大多数研究使用的是回购计划上公布的数据,而不是已完成的回购交易的数据。2003 年 12 月 17 日美国证券交易委员会要求美国上市公司在其回购活动的季度(10 - K 报表和 10 - Q 报表)报告中披露每月的数量和价格数据。Amedeo De Cesari, Susanne Espenlaub, Arif Khurshed 和 Michael Simkovic(2011)利用监管变化,从季度申报中对每月公开市场回购活动数据手工收集,选取以从 2004 年 2 月至 2006 年 7 月期间在纽约证券交易所(NYSE)、纳斯达克(NASDAQ)和美国证券交易所(AMEX)上市的美国公司为样本。获得 214 家公司和 4066 家企业月的每月 OMR 价格数据。并使用这些数据来测试公司是否以相对较低的价格通过时机选择进行 OMRs(open market stock repurchases,OMR's)。

他们发现，股票回购随着非正常价格下跌，并先于非正常价格上涨。此外，平均回购价格低于同类市场平均价格，公司购回的总成本低于基于基准交易成本。研究结果表明，公司通过适时安排OMRs可以显著地节约成本，而最节省的这些成本来自公司选择最有利的几个月中购回的股份。基于这方面的证据及考虑其他的解释（如价格支持和信号传递）后，他们认为公司有时机性地安排在公开市场上购回的能力。除美国以外，加拿大（Ikenberry et al.，2000；McNally et al.，2006；McNally and Smith，2007）和法国（Ginglinger and Hamon，2007）等学者都取得了一致性的结论，即股票回购的成本要低于市场的基准成本，说明存在着市场时机假说。

要验证我国上市公司是否存在市场时机选择，本书根据Amedeo De Cesari等的研究，提出3个假设：（1）公司会在超额收益下降之后或上升之前选择公开市场回购股票；（2）公司趋向在相对低的价格下回购股票；（3）回购的实际成本低于基准预期的估计成本。

为了完成提出的假设，需要解释回购量与之前、之后异常股票收益之间的联系，进一步测试公司是否有能力定时完成OMR（公开市场股票回购）交易，分析公司购回股份当期及前后几期的股票的异常收益。如果公司定时在其股票被低估时买回来，将预计回购交易的期间前有负的异常收益，而回购后的期间内有正的异常收益。回购公司时机购回的内部信息，是普通投资者所不具备的优势。依据信息不对称原理，如果公司定时回购股票，则预计回购价格将低于基准价格。

第二部分：公开市场股票回购的市场时机的决定因素研究

市场时机的决定因素是一个复杂的系统工程，应该从多角度考虑问题，美国学者Amedeo De Cesari（2012）认为，知情投资者（内部所有者和机构投资者）是定时OMRs（通过价格优势和成本节约）实现公司利润的重要决定因素。第二部分研究内容如图1.3所示。

第一章 绪 论

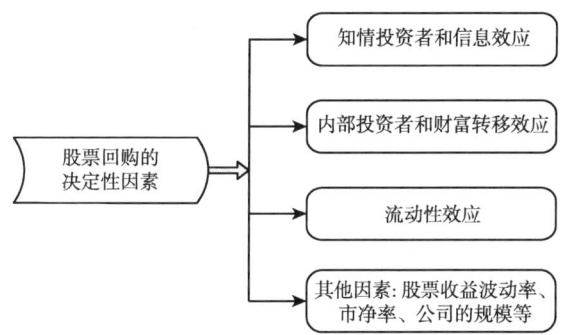

图 1.3 第二部分研究内容

本书准备从以下四个角度考虑：

（1）知情投资者和信息效应：公开市场回购股票的利润，无外乎来自价格优势或成本节约，我们预期，知情投资者（指内部所有者和大型机构所有者）作为"消息灵通人士"，如果他们所持的流通股比例较高，依据信息不对称或价格低估，越容易获得回购的利润，则称产生了"信息效应"。Aslan 等（2011）的研究表明，知情投资者积极影响知情交易的概率。

（2）内部所有者和财富转移效应：内部所有者的持股比例越高，就越有动机进行股票回购的时机选择，将财富从出售者手里转到非售者手中，股票回购作为替代，要比直接的内部交易好的多。

（3）流动性：通过公司回购交易时机的选择，研究股票的流动性如何影响成本节约和价格优势的。回购交易很可能会对流动性较差的股票价格产生更大的影响。

（4）其他因素：股票收益波动率（股性）、公司的规模、现金，折旧及摊销前营运收入，市净率（成长性）等。

围绕着这四个方面的因素，建立线性多变量模型。

第三部分：管理弹性对股票回购市场时机理论的作用机理研究

把股票回购作为检查管理者管理弹性价值的工具，在执行回购和选择增加回购价值的市场时机方面，管理者通常有很大的灵活性。例如，

中国上市公司股票回购时机研究

当股票价格很低时选择购买，避免购买价格过高。国外已有的研究发现，实际并非如此，研究发现盈余管理和管理过度自信会导致回购时机不恰当。管理的灵活性在回购时机的选择上，对股东利益会造成伤害。

本书拟研究在我国股票市场，管理层掌握的灵活度，是否对股东利益造成影响，这一过程通过回购这事件作为切入口。研究思路是比较回购季度和非回购季度的股价以及相关的市场评价比率（市盈率、市净率、账面市值比率等）。试图发现回购季度的股价和市场比率的变化规律，以确定公司是否存在不适宜的回购时机选择。再进一步去发现影响管理层不适宜回购行为的影响因素，如薪酬计划、管理层的过度自信等，研究内容如图1.4所示。

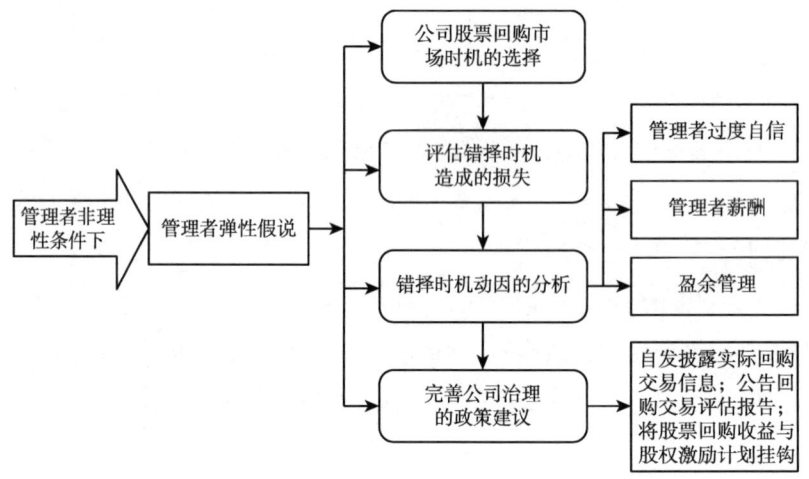

图1.4　第三部分研究内容

首先，公司对回购市场时机的选择。

具体分三步：（1）计算回购季度和非回购季度的平均股价和平均评价指标；（2）计算公司内部的回购季度和非回购季度的平均股价和评价指标的差异；（3）进行稳健性检验：将回购规模扩大或者将最低回购金额降低。

其次，评估错择造成的损失。

第一章 绪 论

（1）计算实际的回购股票的收益率；（2）对每一家公司考虑公司运用其他策略的效果，如将回购活动变成等时间间隔、等数量的 n 次回购，称作平滑。计算平滑后的回购收益率。

第三，如果确实存在不适宜的时机选择，解释错择时机的原因。

定义一个变量：回购能力（repurchase skill）显示回购和平滑回购之间的差异，利用 OLS 回归分析不同的平滑时期的回购能力。自变量包括公司规模、现金量、财务杠杆、R&D、资本支出、股利支付率、B/M 等。管理层薪酬的衡量是通过稀释抵消来衡量，这是因为股票稀释会影响 EPS（回购行为可以抵消稀释影响，而 EPS 和管理层薪酬挂钩），过度自信为虚拟变量，如果高层执行官没有行驶的可行使期权占发行总股本的 75% 以上，则为 1。通过研究可以发现回购时机与管理层薪酬、管理者过度自信有何关系。

第四部分：股票回购市场时机选择的预测性研究

经济周期变化可能会影响管理人员对其所拥有的超额现金总量的支配。在经济周期的最开始，企业开始进行投资建设，此时，从现有的投资和大量的投资活动中产生很少的现金流入量，现金剩余很可能是最小的，这意味着回购活动应相对较低。随着周期的发展，现金流量开始增加，并为回购计划提供了一些动力。在周期的高峰期（繁荣期），现金流量达到最大，但有利可图的投资机会却非常有限。因此，在这些时间里，回购活动会很频繁。管理人员在回购政策制订之前先制订投资政策，而决定企业回购政策的一个重要因素就是分配多余现金。所以经济周期的发展变化导致企业的剩余现金流也随之发生变化，剩余现金流的增多最终会导致企业股票回购活动的频繁，其中早期投资回报的实现及有利可图的投资机会的稀缺推动着循环，这就是典型的经济周期模式。

本部分的研究从宏观的角度来验证我国上市公司的回购行为是否存在着周期性的变化，为从企业战略决策的角度，预测公司的回购计划提供支持，也有助于提高管理者对公司决策制定模式影响因素的认识，如图 1.5 所示。

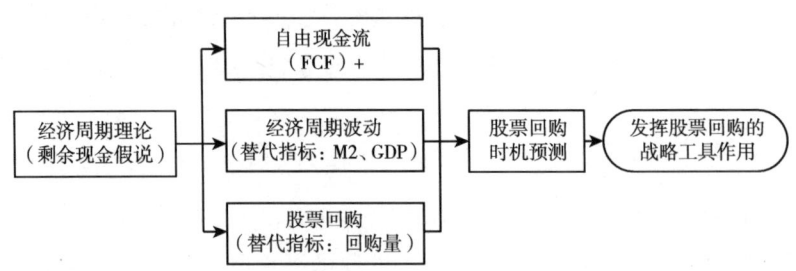

图 1.5　第四部分研究的内容

以股票回购活动的发展进程来构建一个向量自回归方程。基于这个方程，从定性方面来说，回购量的增长是由许多因素导致的，其中包括过去回购的增长、过去现金流的增长及过去宏观经济的增长，其经济意义表明回购增长有三个来源：首先是宏观经济活动，它推动了宏观经济、现金流和回购的共同行为；其次是与宏观经济无关的现金流量；再次是与宏观经济或是与现金流均无关的回购活动。根据 Engle 和 Granger（1987）的理论，建立一个系统的动态模型，作为一个协整的或纠错的向量自回归（EC-VAR）是一种很合适的检验方法。在该模型中，回购、现金流量及宏观经济变量的增长抓住了这些变量的共同趋势，可以研究回购、自由现金流和宏观经济之间的关系，因此，这一共同趋势构成了本部分所关注的重点。

第五部分：基于股票回购时机行为的案例研究与政策建议

在针对以上股票回购时机可预测性和非理性假设下管理弹性可能产生的"错择"所造成对股东利益的损害研究的基础上，从企业战略布局、公司治理完善和资本市场监管三个维度寻找典型案例，展开实地调查和案例研究，一方面可以弥补由于样本和信息披露问题所造成的单一实证分析不足的缺陷，使研究结果更加稳健；另一方面，总结前四部分的研究成果，提出对资本市场或企业战略具有潜在意义的政策性建议。

预期的建议主要体现在 3 个方面：（1）从加强资本市场监管方

第一章 绪 论

面，要求公司披露股票回购实际交易（量、价）的信息，这不仅可以和公司原公告的回购信息做比较，同时更有助于判断公司回购的真正动机；（2）要求管理层提交股票回购收益的评估报告，以评价企业时机选择的能力；（3）将回购产生的收益与管理层股权激励计划挂钩，防止非理性管理者损害股东利益。

（三）拟解决的关键科学问题

本书拟解决的关键技术问题有以下三个：

（1）在股票回购时机选择的作用机制研究中，现有研究表明不同国家、不同时期产生作用的具体机制和效应大小是不一样的，需要实证的进一步检验。我国是新兴资本市场，与股票回购相关的统计资料缺乏以及数据时序列较短，这都会影响到研究结论的可靠性。如何针对我国实际情况，采用新方法、新技术和新数据以提高实证研究的可靠性，这是本书需要解决的第一个关键问题。

（2）市场时机的决定因素是一个复杂的系统工程，如何多角度考虑问题，特别要结合国情，设计出线性（或者非线性）多因素模型，进行实证检验，同时结合典型案例分析是本书要解决的第二个关键问题。

（3）市场时机理论发展中最薄弱的环节是如何解决"好时机"的预测问题。本书试图通过回购窗口，结合经济周期理论，寻找出回购"好时机"的预测器是本书要解决的第三个关键问题。

三、拟采取的研究方案及可行性分析

（一）研究方法

根据研究目的和内容，本书主要采用理论分析、实证分析和案例分析三种研究方法。

中国上市公司股票回购时机研究

1. 理论研究

首先,结合市场时机理论、股票回购理论、资本结构理论采用规范分析方法探讨公司股票回购决策行为与时机选择、经济增长、政府行为、股价波动间的关系;其次,建立股票回购时机决定因素的线性多变量模型,如 Tobit 和 Probit 模型,Fama – French 日历时间投资组合法分析政府行为、经济增长与股票回购溢价的内生关系,运用比较静态分析求均衡解技术、动态优化求解析解技术和数值模拟解求解技术,并借助 Matlab 等软件推导多种可能结果;最后,建立适宜股票回购战略下管理者非理性(过度自信)时机选择对股价波动影响的微观资产定价一般均衡模型。

2. 实证研究

首先,根据各部分理论研究得出的命题与假设,选择变量并设计实证模型,搜集整理所需的实证数据;其次,根据研究目的,有选择性地运用混合最小二乘法(OLS)、事件研究法、四因素方法、Herchman 二元模型、非平稳面板计量、EC – VAR、Granger 因果检验和方差分解、系统广义矩估计(SYS GMM)、分位数(Quantile regression)估计和模拟矩估计方法(Method of simulated Moments,MSM)、DID 方法(Difference in Difference)等方法完成四个主要的实证研究。

3. 案例分析

为弥补实证研究的不足,对股票回购的动机、决定因素、管理弹性等非理性行为市场时机选择的影响展开案例分析。拟研究 3~5 家实施过股票回购的上市公司,结合实地调研,在获得一手资料的基础上,进行深入的分析研究。

(二) 技术路线与具体方案

本书技术路线与具体方案如图 1-6 所示，沿以下五个步骤展开。

第一步，相关文献资料的搜集与整理。具体的文献范围包括：行为金融理论、市场时机理论、公司治理理论、经济周期理论、股票回购理论方面的研究文献。这一步骤的工作已基本完成。在现有资料的基础上，继续收集国内外最新的研究成果，跟踪最新的研究动态，构建分析框架，制订详细研究计划。

第二步，在对大量文献梳理、分析和归纳的基础上，建立股票回购的市场时机假说理论的作用机理和影响因素分析框架。首先，结合市场时机理论、股票回购理论、资本结构理论采用规范分析方法探讨公司股票回购决策行为与时机选择、经济增长、政府行为、股价波动间的关系；其次，建立股票回购时机决定因素的线性多变量模型，如 Tobit 和 Probit 模型、Fama French 日历时间投资组合法分析政府行为、经济增长与股票回购溢价的内生关系，利用非平稳面板计量方法对回购利润进行检验。这里突出解决的问题是，如何利用新的计量方法解决我国上市公司股票回购统计数据时间序列较短导致的低效果问题，以及我国股票回购波动效应的微观机制检验缺失问题。

第三步，建立适宜股票回购战略下管理者非理性（过度自信）时机选择对股价波动影响的微观资产定价一般均衡模型。利用 OLS 模型、四因素模型和 Tobit - VAR 模型对企业管理者是否存在错择时机进行验证，并分析原因，为完善公司治理结构提供新证据和新思路。

第四步，构建经济周期、现金流和股票回购的关系模型，寻找预测"好时机"的方法和路径，完善市场机制理论。

第五步，案例分析和政策建议。在针对以上股票回购的战略性和管理弹性进行的理论和实证分析的基础上，从企业战略布局、公司治

中国上市公司股票回购时机研究

理完善和资本市场监管三个维度寻找典型案例，做嵌入式的深入调研，争取获得一手资料，并以此长期跟踪研究，为今后更深入的研究奠定基础。

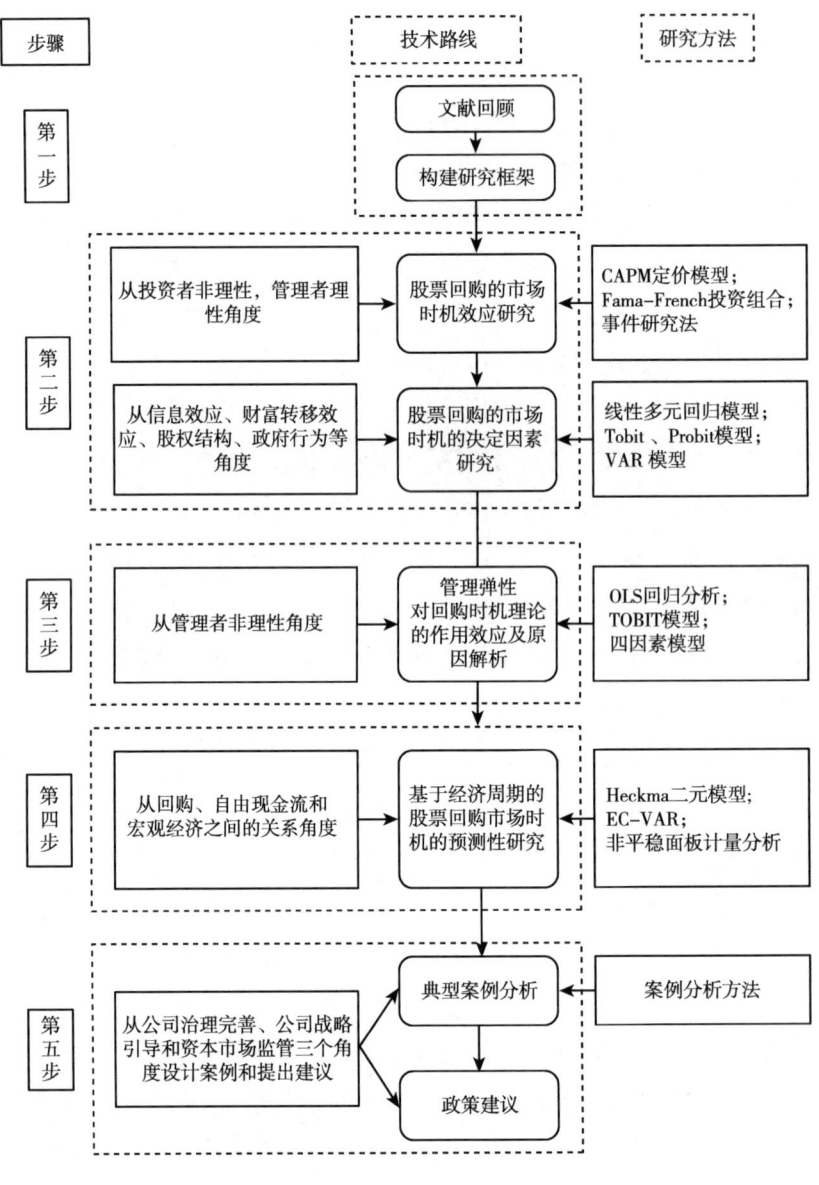

图1.6　项目总体技术路线

第一章 绪　　论

（三）可行性分析

本书研究具有较强的可行性，理由如下：

（1）项目选择符合学科研究的一般规律。本项目研究的课题具有较扎实的前期资料与文献基础，研究思路符合学科研究规律，研究方案与技术路线清晰明确，技术手段准备充足。

（2）项目申请人和参与人具备了较好的研究基础。他们均有参加完成国家级或省部级项目的经验，已在国内权威杂志发表多篇相关研究论文。积累了丰富的研究经验和研究成果。项目申请人和参与人专业优势互补，有利于研究的完成。项目申请人对资本市场和股票回购领域进行了长期研究。在中国较早研究"战略性股票回购"问题并发表了较高水平期刊论文，前期准备工作较充足。

（3）本项目所在单位提供了良好的工作条件。项目依托单位、申请人和项目组成员所在单位上海师范大学大力支持专业教师从事高水平的科研工作与申请高级别的科研课题，同时在鼓励高级别科研课题负责人与重要成员在项目研究期间转为专职科研人员，这可以确保项目组从事项目研究所需时间。

（4）项目所需实验与数据条件得到充分保障。本项目依托单位上海师范大学近年来大力完善金融证券实验室与电子数据库。项目申请人及所在单位与深圳国泰安数据公司、深圳巨灵证券公司均有着良好合作关系，研究所需要的数据能够得到充分保障。

（四）本书的特色与创新之处

本书的特色与创新之处主要体现在以下5个方面：

（1）当前在我国，基于股票回购视角对市场时机理论进行实证分析研究未见讨论，本书将政府行为结合进市场时机因素模型，建立相关理论模型并求解模型数值模拟解，分析政府行为对市场时机选择的作用。

（2）已有的研究仅选择 IPO、SEO 作为"窗口机会"，在研究内容上只注重对资本结构理论影响的讨论，而本书以股票回购为"窗口机会"，讨论的内容扩展到管理者非理性假设下，管理者弹性（灵活性）是如何利用"回购时机"损害投资者利益的。并且还基于资产定价与一般均衡理论，建立股票回购的对股价波动影响机制模型并进行实证检验。

（3）尚未发现我国有如何预测"好时机"方面的文献，本书基于经济周期理论，试图从宏观的角度，建立经济周期与企业现金流及回购集聚（量）之间的关系，探究时机预测的方法和途径。

（4）在数据调研方法上，本书设计出基于公司特质理论和全要素生产率概念与方法、且适用于中国上市公司数据情况的变量测度方法，并使用 2000~2012 年的面板数据（panel data）进行动态实证研究，有效地控制变量的内生性并保证研究结果的稳健性。

（5）在实证方法上，以往的实证研究多数使用的是混合数据最小二乘法、基于面板数据的固定效应或随机效应方法。这些方法不利于动态考察影响机制的变迁过程，没有考虑随机过程状态变量的估计所引起的实证参数估计的不准确性，难以判断不同回购动机影响机制是否存在区别，也不利于分析某些政策因素或政府干预因素对影响机制的作用。为此本书有针对性地采用了系统广义矩（SYS GMM）估计、模拟矩估计方法（Method of Simulated Moments，MSM）、分位数回归（Quantile Regression）、差分中的差异模型（Difference in Difference，DID model）回归等多种计量方法，以保证研究结论的可靠性、科学性与全面性。

中国上市公司股票
回购时机研究
Chapter 2

第二章 股票回购市场择机能力及影响因素研究

本章以上市公司实际的股票回购行为作为"窗口机会",建立研究模型,检验上市公司的择时能力,为上市公司分析和判断市场时机的影响因素提供理论支持,以丰富市场时机理论的内涵和效用。选择2011~2014年我国沪深两市的股票回购数据为样本,用差价法统计出沪、深两市上市公司具有明显的股票回购择机能力,尤其以中小板上市公司更为突出。进一步利用Tobit改进模型逐步交叉回归发现,中小板上市公司回购期间长度明显长,是导致两市回购能力强弱的主要原因,另外,沪深两市公司在回购期间,都发布了其他公告来干扰股市,平均超额收益和回购前后市场价格波动率都正向利于公司选择回购时机。

第二章 股票回购市场择机能力及影响因素研究

一、引　　言

市场时机理论体系的构建主要是建立在股票错误定价时机模式和信息动态不对称时机模式（Baker and Wurgler, 2002）的基础上。前者是关于投资者或管理者的一种非理性模式：投资者在情绪高涨时会推动股价上涨，导致股价被高估；但在情绪低落时则会推动股价下跌，导致股价被低估。当管理者认为股价被高估时，会选择股票融资，以利用股权融资成本相对较低的优势；而当管理者认为股价被低估时，则会选择债权融资（也称为"债务融资"）或回购股票，以避免股权融资成本过高造成的损失。后者是假设投资者和管理者都是理性的，为降低信息不对称导致股价低估的程度，管理者总是选择信息不对称程度较低的时机发行股票，从而降低信息不对称对股票价格的冲击。

美国等成熟资本市场和世界各国不同资本市场的研究结论都表明，市场时机对公司财务决策的影响具有一致性，市场时机是公司制订融资决策时需要考虑的重要因素。证明了市场时机效应确实存在，确实会对公司资本结构产生实质性影响，从而证实了市场时机理论的合理性。但在持续的研究中也产生了一些争议，如市场时机代理变量问题、市场时机长短期效应问题等。中国作为新兴的资本市场之一，非有效市场的特征表现得更加丰富，行为金融学更有用武之地。目前，中国资本市场因制度不完善而形成的"政策市"，致使政府监管也成为引发市场时机的一个主要原因。因此，根据中国股市市场时机效应的成因和机理，有效识别中国资本市场的时机因素，加强市场时机理论在中国的研究，对完善理论本身和规范中国资本市场发展都具有重要的理论和实践意义。

股票回购是指上市公司通过法律程序将发行在外的股票出于某种目的将其购买回来，回购的这些股票通常作为库藏股保留起来，或者注销。股票回购作为成熟金融市场上公司实施财务政策的一种有效工具,日益受到上市公司的青睐。

本研究的主要贡献:(1)力图将上市公司实际的股票回购行为作为"窗口机会",建立研究模型,来检验管理者的择机能力,为如何寻找有力的市场时机提供路径,达到丰富市场时机理论的内涵和效用的目的。(2)利用价差法即通过计算股票回购的平均价格与市场的平均价格间的差值来判断我国沪、深上市公司在实施股票回购时,管理者是否具有选择回购时机的能力。(3)利用改进的 Tobit 模型回归分析上市公司回购择机的影响因素。

本章其余部分安排如下:第二部分为文献回顾和研究假设,对已有文献进行了简要评述,以此为基础,提出研究的具体假设;第三部分则是研究设计;第四部分报告了实证结果;最后,概括性地阐述了本章研究结论与启示。

二、文献综述和研究假设

(一)文献综述

在美国,关于股票回购的市场时机假说的实证研究主要分依据回购公告数据和回购的实际交易数据为基础进行的研究。由于受到信息披露的限制,比较重要文献主要出现在 2004 年以后,公开发表的论文数量在 10 篇左右。

利用股票回购宣告数据研究的主要结论有,公开市场股票回购宣告产生了股票超额收益(Vermaelen,1981;Comment and Jarrell,1991),在股票回购的宣告期内,较长时间里都会有超额收益的存在(Ikenberry et al.,1995;Chan et al.,2007),因此,股票回购宣告后并不需要实际回购股票(Stephens and Weisbach,1998)。

利用实际公开回购股票的数据研究的主要结论有，Stephens 和 Weisbach（2000）发现本季度的股票回购量与前一个季度的差额收益成反比关系。Cook 等（2004）发现公司在股票下跌后宣布回购，回购成本低于纽约证券交易所公司的基准成本。Fried（2005）强调了通过回购股票被低估的股票，财富转移从出售股东转给非售股东。他认为，通过回购低于公允价值的股票，知情人士从不知情的销售股东提取财富，非售股东按照比例受益于这种财富转移。内部人士持股比例越高，其将受益将越多，就越有动力选择回购时机。这种"财富转移效应"可以积极预测内部所有者回购的时机和回购利润。

Chan 等（2007）发现，公司伴随股票回购宣告这一年的超额收益要比很少或零宣告年的大得多。Bozanic（2010）的研究表明，股票回购量与之后的股票收益负相关，与领先的市场平均价与当月的回购价的差额正相关。Amedeo De Cesari（2012）等也使用滞后的和事先的市场调整后的收益作为解释变量，在控制标准风险因素后，考虑回购交易时机的虚拟变量是否是股票收益的重要决定因素。他们的研究表明，美国公开市场股票回购对非售股股东有利。定期回购股票对公司产生的利润与所有制结构是显著相关的。机构持股比例降低了公司以低廉价格回购股票的机会。当机构投资者持股比例较低时，内部人持股增加了时机选择的利润，当比例较高时，相对减少。市场的流动性与公开市场股票回购利润呈正相关。

在美国以外，加拿大（Ikenberry et al.，2000；McNally et al.，2006；McNally and Smith，2007）、中国香港（Zhang，2005）、法国（Ginglinger and Hamon，2009）的学者都取得了一致性的结论，即股票回购的成本要低于市场的基准成本，说明存在着市场时机假说。

Hribar，Jenkins 和 Johnson（2006）验证了股票回购的盈余管理动机，Malmendiere 和 Tate（2005），Campbell 等（2011），Chen 和 Wang（2012），验证了管理者过度自信是如何影响公司融资决策的，只有 Alice A. Bonaimé 等（2012），从管理弹性对回购时机选择的影响，得出管理者过度自信和盈余管理是错择的主要原因。

在我国研究股票回购的动机和回购效应的文献已不少，干胜道、黄虹等（2010）、谭劲松等（2007）、徐国栋等（2003）通过实证分析和案例研究，研究了我国上市公司股票回购的动机。证明了存在信号传递假说、信息不对称假说和财富转移假说等。但将其与市场时机理论结合起来研究的论文非常稀少，在回购时机的研究方面，薛爽（2006）对中石油下属3家上市公司（辽河油田、锦州石化、吉林化工）流通股股东同时发出回购要约并退出市场的案例进行了研究，从收购方财务状况、被收购方股票价格、法律环境变迁和规避股权分置改革等几个方面分析了中石油对回购时机的准确把握和对相关法律、政策的成功规避，有效地降低了回购成本。黄虹等（2010）通过对通宝能源的回购分析得出通宝能源公司决策者具有较强的市场时机把握能力，通过在回购时间、回购方式、回购比例、回购资金来源以及回购程序方面通过精心设计，达到了向市场传递价值低估和未来具有良好的再投资价值的目的。

从国外来看，基于股票回购视角的市场时机理论研究，几乎是伴随着市场时机理论一起发展的，研究结果证明了股票回购的市场时机假说的存在。但是该假说对企业价值的传导机制和影响机理方面还在探索和完善中，重要的文献并不多见，国内直接相关的研究就更加稀少。显然，通过被管理者掌控的回购决策行为来研究市场时机选择，使其成为协调管理者与投资者冲突的调节器，为完善公司治理结构，提升企业价值提供新的思路。

（二）研究假设

在市场时机理论下，因为股票回购行为的"单纯"易行和可计量性，通过股票回购视角，研究回购行为的市场时机行为，成为财务学家研究企业行为和市场行为的重要窗口。管理者的行为，受到外在的经理人市场的约束,在合理的公司治理结构下,主、客观上有完成受托责任、提升企业价值的意愿。因此,本章提出假设 H2-1。

H2-1:由于市场的非完全有效,具备职业素养和占据信息优势的管理者具有选择回购时机的能力。

对于股票回购时机的判断有很多方法,如回购差价、回购差量等。本章主要通过比较回购期内公司的回购平均价格和市场平均价格来判断回购公司是否抓住了适当的回购时机,并通过回购这一途径,判断公司是否取得一定的利益。

假设公司进行股票回购的回购平均价格为 P_1,市场平均价格为 P_2,如果有 $P_1 < P_2$,即公司股票的回购平均价格低于市场的平均价格,那么,就表明公司在回购时机的判断上具有选择回购时机的能力;反之,如果 $P_1 > P_2$,即公司股票的回购平均价格高于市场的平均价格,那么,表明公司在回购时机的判断上,没有正确选择回购的时机,没有通过回购这一方式获得利益。

为了研究上市公司回购时机的相关的影响因素,根据价值低估理论,我们认为,上市公司会选择市场收益率较低时回购股票,因此,提出假设 H2-2:

H2-2:市场收益率与回购机会呈反向关系。

根据信号传递理论,当一家公司公告股票回购的消息时,市场往往会给出积极的反应,会产生较高的超额收益。由于我国股市对信息泄露的监管较松,往往有信息提前泄露的问题存在,因此,提出假设 H2-3:

H2-3:回购公告的发布对回购时机的选择产生正向影响。

市场累计收益率从某种程度上反映了市场波动性。市场累计收益率越大,市场的波动性就越大,因此,对管理者而言,能进行股票回购的机会就越多,把握回购时机的选择就越多,反之亦然。因此,提出假设 H2-4。

H2-4:市场的波动越大,把握回购机会的可能性越大。

基于我国股票回购公告发布的特殊性,我国上市公司仅在公司进行股票回购后进行一个总结性的公告发布,在该公告中,仅给出了公司在该回购期间回购总量(额)的信息,因此,根据公司回购公告的发布,形成一个具体的回购期间,由于各个公司的回购期间长度不同,因此,我们认为,回购期间越长,表明公司管理者在这一回购期间可供实施回购的机会越多,造成管理者择时能力上升;相反,回购期间越短,表明公司管理者在这一回购期间可供实施回购的机会就越少,管理者择时能力下降。而且一旦公司抓住机会,就会比较大量地回购股票。因此,提出假设 H2 -5 和假设 H2 -6。

H2 -5:回购期间长度对股票回购的择时能力有正向影响。

H2 -6:单次回购量占实际回购总量的比重越大,回购择机能力越强。

公司管理者进行股票回购的目的有很多,根据国内外学者的研究,公司进行股票回购的目的主要包括:防止公司的兼并与收购、防止公司股票价格下跌、维持或提高每股收益水平和股票价格、平衡股市、重新资本化和完善公司资本结构等。

在回购的事件窗内,一些公司会进行其他公告的披露,因此,我们假设其他公告的披露会对公司股票回购产生一定的影响。综上所述,提出假设 H2 -7。

H2 -7:回购期间其他公告的发布,会对股市场产生价格波动,因此对管理者股票回购的择时能力有正向影响。

三、研究设计

(一)模型设定与变量定义

对于股票回购择机存在性研究,我们采用了 Baker 和 Wurgler (2002)的方法,即比较公司回购平均价格及其对应的市场平均价格。根据回购公告，将各个回购公司的回购分为对应的几个阶段，每个公司的回购阶段并不相同，在每个回购阶段内，计算每个公司的回购平均价格及其对应的市场平均价格。

由于回购价格数据可获得性的局限，这里采用回购公告期内的回购总金额除以相应时间段内的回购数量得到该回购期间回购的平均价格 P_1，市场的平均价格采用在该回购期间以交易量为权重的加权平均公式：

$$P_2 = \frac{\sum_i P_i V_i}{V} \quad (2-1)$$

其中，$P_i V_i$ 表示在该回购期间每天的总成交金额，V 表示回购期间发生的总的成交量。通过计算比较公司进行股票回购的回购平均价格 P_1 和市场平均价格 P_2，进而得出结论。

对于股票回购择机能力影响因素的研究，本章对 Douglas O. Cook，Laurie Krigman，J. Chris Leach（2000）构建 Tobit 模型进行了改进。原文的回归方程如下：

$$V_{i,t}^R = \beta_1 + \beta_2 R_t^M + \beta_3 AR_{i,t} + \beta_4 CAR_{i,t-k,t-1} + \beta_5 CAR_{i,t+1,t+k}$$
$$+ \beta_6 AV_{i,t} + \beta_7 C_{i,t} + \beta_8 A_{i,t} + \beta_9 A_{i,t\pm 2} + \varepsilon_{i,t} \quad (2-2)$$

其中，$V_{i,t}^R$ 表示公司 i 在时间 t 时的回购量。R_t^M 表示市场的收益率，在这里我们用沪、深综指的日收益率，$AR_{i,t}$ 表示股票的超常收益，CAR 表示股票的累计超额收益，$AV_{i,t}$ 表示相对于没有实施回购的时期而言，回购期内的非正常交易量（abnormal trading volume），$C_{i,t}$ 表示股票 i 在时间 t 的回购量占总回购量的百分比，A 为虚拟变量表示在实施回购当天前后是否发布新的公告或信息。

根据 Douglas（2000）的研究，公司在交易量大的时间段内选择增加回购，公司在 [-5,5] 五天事件窗内会削减回购量，以此来避免利用内部信息进行交易；在市场收益率低，同时超额收益较低时，公司会选择增加回购。因此预期市场收益率、超额收益率与回购时机的选择呈负相关。

但是基于我国股市的基本情况，对该模型须进行适应性改进。由于国内回购详细数据的缺失，本章将价差作为被解释变量，用来表示回购时机把握的好坏（忽略回购量这一维度），价差越大，说明公司在实施回购时越能抓住回购时机。由于无法获知具体的回购日，本章是以一个回购期间内的回购为研究对象，加入"回购期间长度"这一变量，假设回购期间越长，可供选择回购的时机越多，因此，预期回购时机选择与回购期间呈正相关。本章将 Tobit 模型修改为：

$$P_{i,t}^R = \beta_1 + \beta_2 R_t^M + \beta_3 AR_{i,t} + \beta_4 CAR_{i,t-k,t-1} + \beta_5 CAR_{i,t+1,t+k} \\ + \beta_6 Period + \beta_7 Volume2Gross + \beta_8 A + \varepsilon_{i,t} \quad (2-3)$$

其中，$Period$ 表示回购期的长度；$Volume2Gross$ 代表公司 i 在第 t 回购时期股票回购量占公司 i 的总回购量的比例；A 表示公司回购期间是否有发布股票回购其他公告，为虚拟变量，当公司在回购窗口期间有其他公告发布时，A 取值为 1，当公司在回购窗口期间没有发布其他公告时，A 取值为 0。

（二）回归模型变量的计算方法

基于我国上市公司回购信息披露的不完整性，公司只在每个回购阶段完成后发布一个总结性的公告，没有查找到公司在实施回购时具体的时间点及回购价格。因此本章假设公司在每个阶段中仅实施一次回购，并且将回购的截止日期假定为发生回购的具体日期。如果截止日期的数据缺失，那么将截止日期继续向前推直到出现有效的数据为止，再将其选为回购当天。回购的均价，仍沿用上述定义。本章将上交所与深交所中所有抓住回购时机的上市公司作为整体的研究样本，采用沪、深 300 作为回购的市场组合，研究中国整体上市公司回购择

第二章 股票回购市场择机能力及影响因素研究

机能力的影响因素。

我们知道在上市公司实施回购的总样本中,若价差为负,则表明公司抓住了正确的回购时机。因此,根据价差为负这一原则,同时根据估计期的天数选择,剔除一些公司后可以筛选出包含 256 个样本点的子样本。根据假设,选取公告中的截止日期作为回购当天,此时事件日记为 $t=0$。本章中估计期选为回购当天事件日的前后 90 天,即估计期为 [-90, 90],同时,选择事件日前后十天为事件窗,记为 [-10, 10]。其中事件日前一天记为 -1,后一天记为 1。

在本章中对于股票日收益率的计算,采用如下计算公式:

$$R_t = \ln(P_t/P_{t-1}) \quad (2-4)$$

选取研究超额收益的模型为:

$$AR_{it} = R_{it} - \alpha_i - \beta_i R_{mt} \quad (2-5)$$

其中,AR_{it} 是股票 i 在 t 时点的超常收益,R_{it} 是股票 i 在 t 时点的实际收益,α_i 和 β_i 是股票 i 的回归系数,R_{mt} 是投资组合在 t 时点的收益,这里采用的是沪深 300 指数。对于每家公司股票的平均日超额收益的计算公式为:

$$AAR_i = \frac{1}{n}\sum AR_{it}, 其中 t = -10, -9\cdots,0,1,\cdots,10 \quad (2-6)$$

为了研究前期累计超额收益与后期累计超额收益分别对回购的影响,本章将累计超额收益分为前期累计超额收益与后期累计超额收益。前期累计超额收益的计算方法为:

$$CAR_{before} = \sum_{t=-10}^{-1} AR_t \quad (2-7)$$

后期累计超额收益的计算方法为:

$$CAR_{after} = \sum_{t=1}^{10} AR_t \quad (2-8)$$

由于价差的定义为市场的平均价格减去回购的平均价格，因此所有能抓住回购时机进行回购的公司价差表现均为正值，价差则反映了公司回购的回购收益，也表明了回购择机能力的大小。

本章具体变量定义参见表 2.1。

表 2.1　　　　　　　　　主要变量定义

变量符号	变量名称	变量定义	变量属性	预期方向
R_t^m	市场收益率	t 时刻市场指数收盘价与 $t-1$ 时刻收盘价比值的对数	自变量	-
AR_i	平均超额收益率	事件窗内超额收益的平均值	自变量	+
CAR_{before}	前期累计超额收益率	事件窗前 5 天累计超额收益率	自变量	+
CAR_{after}	后期累计超额收益率	事件窗后 5 天累计超额收益率	自变量	+
$Period$	回购期间长度	回购期间长度	自变量	+
$Volume2\ Gross$	单次回购量占实际回购总量的比例	单次回购量/实际总回购量	自变量	+
A	有无其他公告	哑变量，若回购期间存在其他公告，取值1，否则取值为0	自变量	+
SLC	是否为沪市上市公司	哑变量，若是，取值1，否则取值为0	自变量	-
P_1	回购平均价格	回购总金额/回购总量	中间变量	
P_2	市场平均价格	回购期间总交易金额/回购期间总成交量	中间变量	
$price$	价差	市场平均价格 - 回购平均价格	因变量	
$flag$	指示变量	$price \geq 10$ 时，$flag=1$ $0 \leq price < 10$，$flag=0.5$ $-10 \leq price < 0$，$flag=-0.5$ $price < -10$，$flag=-1$	指示变量	

(三) 样本的选取及数据来源

根据 Wind 数据库中所提供的回购数据直接或计算所得。选取 2011~2014 年沪、深两市上市公司中发生回购的 133 家公司为样本。首先,根据上市地的不同,将回购样本分为沪、深两个子样本,其中,在上交所上市的 35 家进行回购的公司中,根据公告给出的回购阶段①将回购阶段总共分为 123 个小阶段,在深交所上市实施回购的 98 家公司中,共有 199 个回购阶段。

四、实证结果及分析

(一) 描述性统计及回购择机能力检验

1. 上交所上市公司回购择机能力表现

在上交所上市的 35 家进行回购的公司中,根据公告给出的回购阶段性的成果可以将回购阶段总共分为 123 个小阶段,设置两个变量价差 $price$ 和标志 $flag$,其中价差 $price$ = 市场的平均价格 – 回购的平均价格。如果价差 $price < 0$,则表明回购的平均价格 > 市场平均价格,表明上市公司没有抓住更好的回购时机。当 $price < -10$ 时,设置 $flag = -1$,当 $-10 \leqslant price < 0$ 时,设置 $flag = -0.5$。相反,如果价差 $price > 0$,则表明上市公司的回购平均价格 < 市场平均价格,表明上市公司能抓住更好的回购时机进行回购,当 $price \geqslant 10$ 时设置 $flag = 1$,当 $0 \leqslant price < 10$ 时,设置 $flag = 0.5$。做出统计图形,如图 2.1 所示。

---

① 回购阶段的划分做法是首次公告日为起点,到下一次回购公告的截止日为一个回购阶段,同时,该次回购截止日也作为下一回购期间的起点,以此类推。

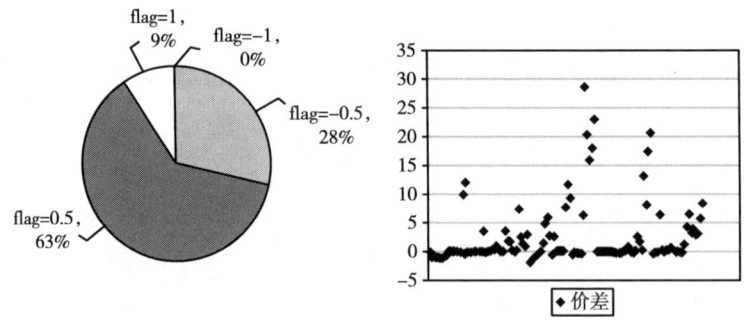

图2.1　上交所上市公司表现

根据统计结果显示，进行回购的回购阶段总共被分成123个回购期间。其中 $flag$ 值为 -1 的有0个阶段，值为 -0.5 的有35个回购阶段，表明在123个回购期中，有35个回购阶段的回购平均价格高于市场平均价格且回购价差大于 -10 小于0，占总回购的28%，值为0.5的有77个回购阶段，占总回购的63%，值为1的有11个回购阶段，占总回购的9%。说明回购公司大体上能抓住合适的回购时机进行回购，支持假设2-1成立。然而，由于回购中产生价差较大的回购阶段相对较少，因此，回购价格的表现并不尽如人意，绝大多数公司没有能通过回购获得较高的利益。

2. 深交所上市公司股票回购择机能力表现

同样的，在深交所上市实施回购的98家公司中，共有199个回购阶段，添加的变量价差 $price$ 和 $flag$ 的定义和上交所上市公司表现分析定义相同。根据 $flag$ 的值做出的图形如图2.2所示。从图中可以看出，在这199个回购阶段中，$flag$ 值为 -1 的有52个回购阶段，占总回购的26%；$flag$ 值为 -0.5 的有119个回购阶段，占总回购阶段的60%；$flag$ 值为0.5的有28个回购阶段，占总回购阶段的14%；$flag$ 值为1的有0个回购阶段。说明在深交所上市的回购公司，也能抓住一定的回购时机，能以低于市场价格的回购价格实施回购（见图2.2）。支持假设2-1成立。

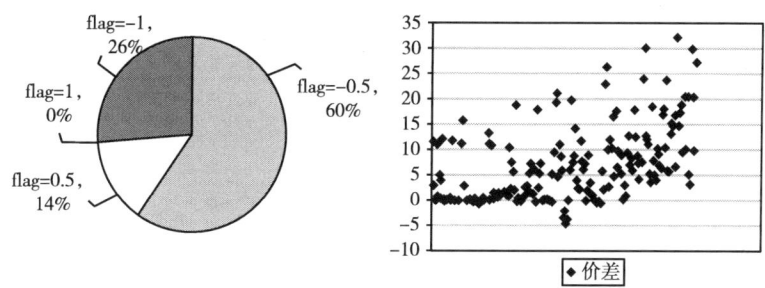

图 2.2 深交所上市公司表现

3. 股票回购择机能力检验

下面将通过对在沪、深上市的公司股票回购的平均价格和市场平均价格的差额进行假设检验。如果价差的值显著不为零,则表明上市公司股票回购确实存在择机理论;反之,如果价差的值显著为零,则说明我国上市公司进行股票回购时没有进行股票回购的时机选择。在这里采用 t 检验来检测显著性。设原假设为 H_0:$price=0$,备择假设 H_1 为:$price \neq 0$。得到的分析结果如表 2.2 所示。

表 2.2　　　　　　　　股票回购择机能力检验

指标	总体	
	上交所	深交所
均值	-2.5703	-3.5045
中位数	-0.1922	-1.0554
最大值	1.9067	4.8282
最小值	-28.6227	-20.9922
标准差	5.4074	5.2587
偏度	-2.6170	-1.4537
峰度	9.9463	4.5631
JB 值	387.6837	55.8449
p 值	0.0000	0.0000

从表 2.2 中可以看出，从总体的角度来看，假设检验的结果表明在 95% 的置信水平下，即 $\alpha = 0.05$ 时，在上交所上市的公司的 p 值为 $0.0000 < \alpha$，深交所上市的公司的 p 值为 $0.0000 < \alpha$，拒绝原假设。说明不管是在上交所上市的公司还是在深交所上市的公司，公司实施回购的回购平均价格和市场的平均价格差额显著不为零，表明公司实施回购时进行了时机的选择。从描述性统计的数据上看，深交所上市公司的表现均好于上交所上市公司的表现，因此说明深交所上市公司的时机选择更为准确。

（二）实证结果及解释

为了分析影响上市公司股票回购择机能力的因素，建立了前面给出的改进后的 Tobit 模型，利用 Eviews 7.0 计算，回归结果如表 2.3 所示。

表 2.3　　上市公司回购择机能力影响因素的回归结果

变量名	回归系数	t 统计量	p 值
市场收益率	-0.1186	-0.0034	0.9973
平均超额收益率	1131.0970	3.2026	0.0016 ***
前期累计超额收益率	-38.1223	-2.1460	0.033 **
后期累计超额收益率	-58.0103	-3.4424	0.0007 ***
回购期间长度	0.0634	3.6793	0.0003 ***
回购量占总回购比例	5.3952	4.7126	0.0000 ***
有无其他公告	2.4734	1.7644	0.0791 *
拟合优度 R^2	0.3340	调整 R^2	0.3124

注：*代表统计结果的显著性，* 代表 10% 内显著，** 代表 5% 内显著，*** 代表 1% 内显著。

如表 2.3 所示，市场收益率与上市公司股票回购能力呈负向关系，与假设方向是吻合的，但在统计意义上不显著。因此，不能支持假设 2-2 成立。根据信号传递理论，当一家公司公告股票回购的消息时，市场往往会给出积极的反应，会产生较高的超额收益。由于我国股市对信息泄露的监管较松，往往有信息提前泄露的问题存在，因此回购的平均超额收益与股票回购时机的选择能力上呈负相关。即当市场平均超额收益为负时，市场传递的信号是消极的，因此，会导致股票价格下跌，可实施回购的时机越多，因此在这种情况下公司回购的择机能力越强；相反，当市场平均超额收益为正时，市场传递出的信号是积极信号，这导致股票价格升高，导致回购成本上升，此时回购量减少，也反映了上市公司的择机能力。因此，本章假设 2-3 统计意义上显著负相关，支持假设 2-3 成立。

市场累计收益率从某种程度上反映了市场波动性。市场累计收益率越大，市场的波动性就越大，因此，对上市公司而言，能进行股票回购的机会就越多，把握回购时机的选择就越多，反之亦然。对于前期和后期累计超额收益的回归结果来看，与 Douglas 的研究结果一样，前期和后期累计超额收益的回归系数均小于零，并且在 5% 的水平下显著。因此，假设 2-4 成立。

从回购期间长度的回归系数来看，回购期间长度对股票回购的影响呈正相关，表明回购期间越长，公司抓住回购时机越准确。回购期间越长，股票收益波动越频繁，那么满足股票回购要求的机会越多，也就是说，可供公司实施回购的时点越多，公司越能从这些时点中选择有利时机实施回购，统计结果显著，假设 2-5 成立。

股票的单次回购量占实际回购总量宣告的总回购比例对股票回购的择机能力产生了显著的正向影响，表明公司在实施回购时，更倾向于进行一次性大量回购，即当公司管理者认为抓住了回购时机时，会进行大量的回购，统计结果显著，假设 2-6 成立。

回归结果中对于回购期间由于其他公告的回购结果显著正相关，表明公司管理者在回购期间会通过其他公告的披露，来提升自己的回购择机能力。假设 2-7 成立。

我们做了进一步的统计发现,如表 2.4 所示,在上交所上市的公司在回购期间发布其他公告的回购阶段数量有 71 次,占总回购阶段数量的 80.68%,而在深交所上市的公司在回购期间发布其他公告的回购阶段数量有 157 次占总回购阶段数量的 93.45%(见表 2.4)。由此可以看出,回购期间发布其他公告有助于帮助上市公司进行回购时机的选择。

表 2.4   回购期间其他公告发布情况统计

在回购期间发布其他公告的数量和比例	上交所		深交所	
	数量	百分比	数量	百分比
有发布	71	80.68%	157	93.45%
未发布	17	19.32%	11	6.55%
总样本量	88	100.00%	168	100.00%

(3) 进一步讨论

前面描述性统计的结果表明,沪、深上市的上市公司股票回购择机能力有强弱之分。为了研究该差异产生的原因,首先,在原有回归模型的基础上加入是否属于上交所上市公司(SLC)这一哑变量,若是,则 SLC 取值为 1,若不是,则取值为 0。因此,回归模型变为:

$$P_{i,t}^R = \beta_1 + \beta_2 R_t^M + \beta_3 AR_{i,t} + \beta_4 CAR_{i,t-k,t-1} + \beta_5 CAR_{i,t+1,t+k}$$
$$+ \beta_6 Period + \beta_7 Volume2Gross + \beta_8 A + \beta_9 SLC + \varepsilon_{i,t} \quad (2-9)$$

回归结果如表 2.5 所示。

表 2.5   是否沪市公司回购择机能力影响因素回归结果

变量名	回归系数	t 统计量	p 值
市场收益率	-5.4783	-0.1647	0.8693
平均超额收益率	618.3570	1.8336	0.0679*
前期累计超额收益率	-13.5240	-0.8040	0.4222
后期累计超额收益率	-33.6120	-2.0783	0.0387**

续表

变量名	回归系数	t 统计量	p 值
回购期间长度	0.0052	0.5638	0.5734
某次回购量占总回购量比例	5.5990	5.1606	0.0000 ***
有无其他公告	3.6220	2.6222	0.0093 ***
是否为上交所	-1.6379	-1.8720	0.0624 *
拟合优度 R²	0.2537	调整 R²	0.2293

注：* 代表统计结果的显著性，* 代表10%内显著，** 代表5%内显著，*** 代表1%内显著。

如表2.5所示，与表2.4的结果相比，增加的虚拟变量的回归结果显著，并且回归系数为负，表明上交所上市公司回购择机能力弱于深交所上市公司的回购择机能力的结果有效。由于样本分组的原因，前期累计超额收益率和回购期间长度的回归结果方向不变，但结果不显著。

为了探讨导致差异的原因，下面采用交叉项逐步回归的方法展开研究，见式（2-10）~式（2-16）：

$$P^R_{i,t} = \beta_1 + \beta_2 R^M_t + \beta_3 AR_{i,t} + \beta_4 CAR_{i,t-k,t-1} + \beta_5 CAR_{i,t+1,t+k} + \beta_6 Period + \beta_7 Volume2Gross + \beta_8 A + \beta_9 SLC + \beta_{10} SLC \times Period + \varepsilon_{i,t}$$

(2-10)

$$P^R_{i,t} = \beta_1 + \beta_2 R^M_t + \beta_3 AR_{i,t} + \beta_4 CAR_{i,t-k,t-1} + \beta_5 CAR_{i,t+1,t+k} + \beta_6 Period + \beta_7 Volume2Gross + \beta_8 A + \beta_9 SLC + \beta_{10} SLC \times R^M_t + \varepsilon_{i,t}$$

(2-11)

$$P^R_{i,t} = \beta_1 + \beta_2 R^M_t + \beta_3 AR_{i,t} + \beta_4 CAR_{i,t-k,t-1} + \beta_5 CAR_{i,t+1,t+k} + \beta_6 Period + \beta_7 Volume2Gross + \beta_8 A + \beta_9 SLC + \beta_{10} SLC \times AR_{i,t} + \varepsilon_{i,t}$$

(2-12)

$$P^R_{i,t} = \beta_1 + \beta_2 R^M_t + \beta_3 AR_{i,t} + \beta_4 CAR_{i,t-k,t-1} + \beta_5 CAR_{i,t+1,t+k} + \beta_6 Period + \beta_7 Volume2Gross + \beta_8 A + \beta_9 SLC + \beta_{10} SLC \times CAR_{i,t-k,t-1} + \varepsilon_{i,t}$$

(2-13)

$$P_{i,t}^R = \beta_1 + \beta_2 R_t^M + \beta_3 AR_{i,t} + \beta_4 CAR_{i,t-k,t-1} + \beta_5 CAR_{i,t+1,t+k} + \beta_6 Period$$
$$+ \beta_7 Volume2Gross + \beta_8 A + \beta_9 SLC + \beta_{10} SLC \times CAR_{i,t+1,t+k} + \varepsilon_{i,t}$$

(2-14)

$$P_{i,t}^R = \beta_1 + \beta_2 R_t^M + \beta_3 AR_{i,t} + \beta_4 CAR_{i,t-k,t-1} + \beta_5 CAR_{i,t+1,t+k} + \beta_6 Period$$
$$+ \beta_7 Volume2Gross + \beta_8 A + \beta_9 SLC + \beta_{10} SLC \times Volume2Gross + \varepsilon_{i,t}$$

(2-15)

$$P_{i,t}^R = \beta_1 + \beta_2 R_t^M + \beta_3 AR_{i,t} + \beta_4 CAR_{i,t-k,t-1} + \beta_5 CAR_{i,t+1,t+k} + \beta_6 Period$$
$$+ \beta_7 Volume2Gross + \beta_8 A + \beta_9 SLC + \beta_{10} SLC \times A + \varepsilon_{i,t}$$

(2-16)

回归结果如表2.6所示，只有变量 SLC 与回购期间长度交叉的结果基本有效（p 值10%），该因素应该是导致沪、深上市公司回购能力差异的主要原因。表2.7的统计结果也支持该结论，在深市上市公司回购公告中，回购期间长度在30天及以上的占比为76.51%，而沪市的只有38.64%，深市有23.49%的回购期间长度在30天以内，而沪市的有61.36%。而该长度之所以影响回购择机能力，与上市公司等待或制造一些影响价格的机会有关。

表2.6　是否沪市公司回购择机能力影响因素交互回归结果

变量名	回归系数	t 统计量	p 值
$SLC \times$ 市场收益率	82.6072	1.1916	0.2346
$SLC \times$ 平均超额收益率	33.0372	0.1928	0.8473
$SLC \times$ 前期累计超额收益率	-9.9175	-0.7399	0.4601
$SLC \times$ 后期累计超额收益率	9.6176	0.9560	0.3400
$SLC \times$ 回购期间长度	-0.0298	-1.6464	0.1010
$SLC \times$ 回购量占总回购比例	0.8019	0.3304	0.7414
$SLC \times$ 有无其他公告	-2.6104	-0.9657	0.3352

注：*代表统计结果的显著性，*代表10%内显著，**代表5%内显著，***代表1%内显著。

表 2.7　　　　　　　　　回购期间长度统计

回购期间长度（天）	上交所		深交所	
	数量	百分比	数量	百分比
回购期间长度≥50	18	20.46%	106	63.86%
30≤回购期间长度<50	16	18.18%	21	12.65%
回购期间长度<30	54	61.36%	39	23.49%

五、结论与启示

（一）主要结论

首先，本章以上市公司实际的股票回购行为作为"窗口机会"，利用价差法判断出我国沪、深上市公司在实施股票回购时，管理者具有回购择机的能力，同时，深交所上市公司比上交所上市公司股票回购的择机能力更强。

其次，通过建立改进后的 Tobit 模型，解释上市公司股票回购择机的影响因素，实证结果表明：（1）上市公司管理者并没有选择市场收益率较低的时候回购股票，价值低估理论在回购择机问题上没有得到证实；（2）回购公告的发布确实对回购时机的选择确实产生正向影响，从而证明了信号传递理论的有效性；（3）市场价格的波动越大，把握回购机会的可能性就越大；（4）上市公司选择的回购期间越长，可供实施回购的机会就越多，能明显提升管理者股票回购的择时能力，反之亦然；（5）一旦公司管理者抓住机会，就会比较大量地回购股票，表现为回购量比的上升；（6）如果公司要制造回购的机会，就会在回购期间发布其他的公告，来干扰股价。

通过设置哑变量是否沪市上市公司，进一步研究沪深两市公司回购择机能力的差异时，只有回购期间的长度因素基本显著，统计结果也支持该结论。

（二）启示

（1）从公司治理的角度而言，中小投资者要具备一定的信号甄别能力，防止公司知情者利用公告发布，干扰股价波动，从而达到其财务目的。

（2）从资本市场监管的角度出发，证监会应该更加细化股票回购公告的细则，尤其要增加实际回购数量和价格公告的即时性要求。

基于我国股票回购数据的缺失，本章没有讨论流动性的高低对股票回购的影响。同时也并未探讨管理者本身内在的特质对公司股票回购的影响，随着我国股市的发展，主板、中小版、创业板和新三版的并存格局，也为研究影响股票回购择机的因素提供细化和丰富的路径。

中国上市公司股票
回购时机研究
Chapter 3

第三章 管理弹性对股票回购市场
择机能力的影响研究

我们在研究公司股票回购错误选择回购时机的影响因素发现，管理弹性并不是影响股票回购正确选择回购时机的影响因素。通过对上市地的不同，以及对错误选择回购时机的样本进行分析发现，公司错误选择回购时机的原因在于管理弹性，从而得出管理者错误选择回购时机的原因并非是有目的性的错择，而是管理者并没有能对股票市场的信息进行正确分析所致。

第三章 管理弹性对股票回购市场择机能力的影响研究

一、引　言

2012年Ross、Westerfield和Jordan提出"股票回购和现金股利相比较，股票回购更具弹性，同时，管理者更注重财务弹性的价值"。因此，从此处可以看出，管理弹性对于股东来讲是非常有利的。Alice、Kristine和Bradford（2012）以股票回购作为窗口，对管理弹性进行了研究。在他们的研究中，发现管理者在进行股票回购时，存在着错择的现象，即在公司股票价格高时进行回购，在公司股票价格低时不进行回购。因此，在对这一现象进行解释时，通过研究选取了盈余管理这个角度对管理弹性进行衡量。结果表明，公司管理中所存在的盈余管理是导致回购错择的一个原因。

本章从两个角度对"管理弹性"这一概念进行衡量，首先，考虑到我国股票市场的信息非对称性，公司管理者在掌握公司信息方面存在着优势，因此，公司管理者可能会根据自身的利益需求，进行公司盈余管理的调整，使公司股票价格向更有利于公司长远发展的方向进行调整。其次，由于每个公司的每个管理者的背景存在差异性，即公司高管梯队异质性的存在导致公司高管对所存在的问题的看法不同，导致公司高管在进行策略的调整时产生偏差，因此，本章对管理弹性度量的指标包括公司盈余管理和公司高管的异质性（包括年龄异质性、性别异质性、教育背景异质性、任期异质性）。

二、文献综述与相关理论

（一）国外文献综述

在美国，关于股票回购的市场时机假说的实证研究主要以依据回购公告数据和回购的实际交易数据为基础进行研究。由于受到信息披露的限制，比较重要文献主要出现在 2004 年以后，公开发表的论文数量在 10 篇左右。

利用股票回购宣告数据研究的主要结论有：公开市场股票回购宣告产生了股票超额收益（Vermaelen，1981；Comment and Jarrell，1991），在股票回购的宣告期内，较长时间里都会有超额收益的存在（Ikenberry et al.，1995；Chan et al.，2007），因此，股票回购宣告后并不需要实际回购股票（Stephens and Weisbach，1998）。

利用实际公开回购股票的数据研究的主要结论有，Stephens 和 Weisbach（2000）发现本季度的股票回购量与前一个季度的差额收益成反比关系。Cook 等（2004）发现公司在股票下跌后宣布回购，回购成本低于纽约证券交易所公司的基准成本。Fried（2005）强调了通过回购股票被低估的股票，财富转移从出售股东转给非售股东。他认为，通过回购低于公允价值的股票，知情人士从不知情的销售股东提取财富，非售股东按照比例受益于这种财富转移。内部人士持股比例越高，其将受益将越多，就越有动力选择回购时机。这种"财富转移效应"可以积极预测内部所有者回购的时机和回购利润。

Chan 等（2007）发现，公司伴随股票回购宣告这一年的超额收益要比很少或零宣告年的大得多。Bozanic（2010）的研究表明，股票回购量与之后的股票收益负相关，与领先的市场平均价与当月的回购价的差额正相关。Amedeo De Cesari（2012）等也使用滞后的和事先的市场调整后的收益作为解释变量，在控制标准风险因素后，考虑回购交易时机的虚拟变量是否是股票收益的重要决定因素。他们的研究表明，美国公开市场股票回购对非售股股东有利。定期回购股票对公司产生的利润与所有制结构是显著相关的。机构持股比例降低了公司以低廉价格回购股票的机会。当机构投资者持股比例较低时，内部人持股增加了时机选择的利润，当比例较高时，相对减少。市场的流动性与公开市场股票回购利润呈正相关。

在美国以外，加拿大（Ikenberry et al.，2000；McNally et al.，2006；McNally and Smith，2006）、法国（Ginglinger and Hamon，2009）的学者都得出了一致性的结论，即股票回购的成本要低于市场的基准成本，说明存在着市场时机假说。

Hribar，Jenkins 和 Johnson（2006）验证了股票回购的盈余管理动机，Malmendiere 和 Tate（2005），Campbell 等（2011），Chen 和 Wang（2012）验证了管理者过度自信是如何影响公司融资决策的，只有 Alice A. Bonaimé 等（2012），从管理弹性对回购时机选择的影响，得出管理者过度自信和盈余管理是错择的主要原因。

此外，对于股票回购的探讨，还有一部分研究集中在探讨公司管理者自身异质性对股票回购产生的影响。Katz（1982）通过研究发现高管团队成员的从业经验异质性，可以使管理层对同一个问题从多维度进行分析，制定出多种解决方案并进行全面评价，提高了决策质量，进而提高了企业的绩效。Cox（1994）认为高管团队成员的年龄异质性可以帮助组织战略的有效制定，进而提高企业绩效。Simons（1995）等学者研究高层管理团队综合决策过程，发现教育背景异质性与组织绩效显著正相关。Knight（1999）认为高管团队教育背景异质性较大时，团队内容易产生冲突和分歧，降低决策质量，进而影响公司绩效。Sutcliffe（1994）研究发现职业经验异质性与公司绩效负相关，较大的经验差异成为团队内有效沟通的障碍，减弱了管理之星的效率，进而导致公司绩效降低。

Elron（1997）研究了跨国公司高管文化背景差别对企业绩效的影响，研究发现，在跨国公司中，高管文化背景的差异正向影响高管绩效。Mason（2002）通过将高管异质性定义为学历、工作年限、任期年限的不同，分别就这三个方面进行了管理者异质性对高管业绩影响的研究，同时研究结果也表明管理者异质性对高管业绩产生了影响。

(二) 国内文献综述

在我国研究股票回购的动机和回购效应的文献已不少,干胜道、黄虹等 (2010)、谭劲松等 (2007)、徐国栋等 (2003) 通过实证分析和案例研究,研究了我国上市公司股票回购的动机,证明了存在信号传递假说、信息不对称假说和财富转移假说等。但将其与市场时机理论结合起来研究的论文非常稀少,在回购时机的研究方面,薛爽 (2008) 对中石油下属 3 家上市公司 (辽河油田、锦州石化、吉林化工) 流通股股东同时发出回购要约并退出市场的案例进行了研究,从收购方财务状况、被收购方股票价格、法律环境变迁和规避股权分置改革等几个方面分析了中石油对回购时机的准确把握和对相关法律、政策的成功规避,有效地降低了回购成本。黄虹 (2007) 利用股票回购与每股收益变化之间的关系,研究了美国上市公司的股票回购动机,通过研究提出在股权分置改革时,股票回购将会成为我国资本市场新兴的金融工具,我国需要完善股票回购的制度。此外黄虹等 (2010) 通过对通宝能源的回购分析得出通宝能源公司决策者具有较强的市场时机把握能力,通过在回购时间、回购方式、回购比例、回购资金来源以及回购程序方面通过精心设计,达到了向市场传递价值低估和未来具有良好的再投资价值的目的。在 2014 年,黄虹通过对中国与印度的股票回购做了公告效应的研究,发现中印股票回购市场均存在着回购的市场效应,但中国股票市场回购公告效应比印度回购公告效应更为显著,其回购动机为造成回购公告市场效应不同的原因。黄鸿燕 (2014) 对我国新兴产业的股票回购进行了研究,结果表明所进行股票回购的样本公司具有很强的生产经营能力,财务状况运行良好。我国的新兴产业公司在市场上呈现出明朗的发展前景,值得引起投资者的关注。

我国对公司盈余管理的研究也有很多,但是绝大多数的学者只是将研究专注于上市公司在融资融券中盈余管理的作用，很少有学者将盈余管理与股票回购结合起来。黄新建（2003，2004）对上市公司股权融资中的盈余管理进行了研究，研究结果表明，盈余管理对我国证券市场投资收益的影响不强，同时，那些配股企业并没有进行盈余管理，同时，还发现信用交易时配股企业盈余管理的重要工具。李世新、张燕（2011）研究了盈余管理、信号传递与研发支出资本化的关系，发现研发支出资本化不仅受到了盈余管理动机的影响，同时还受到了盈余管理程度的影响。

在我国对于高管已执行的主要研究如下：魏立群、王智慧（2002）通过对沪深114家上市公司的实证研究探索了高管的特征对公司业绩的影响，发现中国企业高管平均年龄与公司绩效正相关，高管背景异质性与公司绩效的关系并不显著。孙海法、姚振华、闫茂盛（2006）将研究对象集中在中国纺织业和信息技术业，发现团队规模和平均任期与公司的短期绩效正相关。古家军、胡蓓（2008）通过研究高管异质性对公司战略影响的研究，发现高管团队的年龄、教育水平、任期等会减弱组织领导力，削弱组织成员的沟通，导致决策成本提升。

（三）文献评述

从国外来看，基于股票回购视角的市场时机理论研究，几乎是伴随着市场时机理论一起发展的，研究结果证明了股票回购的市场时机假说的存在。但是该假说对企业价值的传导机制和影响机理方面还在探索和完善中，重要的文献并不多见，国内直接相关的研究就更加稀少。显然，通过被管理者掌控的回购决策行为来研究市场时机选择，使其成为协调管理者与投资者冲突的"调节器"，为完善公司治理结构，提升企业价值提供新的思路。

股票回购择时问题的产生根源于信息不对称的存在，这种信息不对称不仅包括由于公司所有权与经营权的分离造成的公司内部管理者间的信息不对称,同时也包括公司与投资者间的信息不对称。为了解决第一种信息不对称产生的委托代理问题,根据委托代理理论,为了平衡公司管理者与所有者间的利益差别,在我国股票回购市场,最主要的方法是通过股权激励的方式去平衡他们之间的利益差距。然而,这种股权激励的方式是有条件的,若管理者在解锁期内未能满足激励条件,那么通过股权激励的方式派发的股权根据我国法律需要将其购回,引起股票回购的产生。同时,在我国股票市场上,股票回购是在公开市场进行操作,因此,股票市场的股价并不稳定,处于动态波动中,由于公司相对于投资者而言,掌握更多的公司内部信息,因此,在这种信息不对称情况下,为了提升公司价值,公司管理者须采取有效方式,向投资者传递有利信息。股票回购公告的发布便是一种有效方式,通过信号传递理论,股票回购公告的发布导致投资者对公司看好,可以引起股票价格的上升。

由于我国股票回购在公开市场进行操作,因此,公司在进行股票回购时便可以通过对股票回购时机的选择进而获取更高的收益。对于如何选择股票回购时机问题,即影响股票回购择时的影响因素,市场时机理论、盈余管理理论、高层梯队理论为本章研究提供了理论支持。

三、管理弹性对股票回购择时影响机理

对于"管理弹性"的界定国内外学者目前尚未给出一个标准的定义。我们所说的"弹性"在《现代汉语词典》第 6 版中有两种定义:"当物体受到外力作用变形后,除去作用力时能恢复原来形状的性质。比喻事物依实际需要可加以调整、变通的性质"。在经济学中,经济学家将这个名词进行了进一步的扩展,阿尔弗雷德·马歇尔

最早在经济学中提出"弹性"这个词,是指因自变量的变动大小所引起的因变量的变动大小,即弹性反映了一种自变量与因变量的变动关系。此后,"弹性"这个词被经济学家在进行经济问题分析时进行了广泛性的应用,如"需求的价格弹性""收入弹性""弹性工作时间"等。

公司管理者在考虑未实现收益和损失时,现行的会计准则往往会为公司管理者提供自由裁量权,导致公司管理者在决定采取股票回购前,可以通过调低公司盈余水平,进而导致股票回购价格下降,从而为公司进行股票回购创造有利条件。因此,公司回购前盈余管理的调整会引起股票市场的价格波动,盈余管理调整程度越大,越有利于股票回购时机的选择,盈余管理调整的程度对择时能力具有正向的作用。

此外,由于公司高管梯队中的每个个体都有自己特有的一些背景特征,如性别、年龄、教育背景、任职期间长度等。这些具有不同背景的个体会由于自身独有的特征而导致他们在进行相关信息的搜集、整理以及分析时存在显著的差异,进而导致他们做出的决策的不同。本章中将所说的高管的异质性概括为四个方面:性别异质性、年龄异质性、教育背景异质性、任期异质性。我们认为,在公司进行决策会议时,高管异质性使公司高管能获得来自不同专业背景等多方面的考虑,使他们能更加全面地考虑问题,获得更好的解决问题的方案,因此公司高管的年龄异质性、性别异质性、教育背景异质性、任期异质性会对股票择时能力产生正向影响。

四、管理弹性对股票回购择时能力研究设计

对于盈余管理程度的度量方法有很多概括起来主要有随机游走模型(random walk model)、均值回复应计利润模型(mean reverting accruals model)、Jones 模型等。

(一) 随机游走模型

随机游走模型最早是由 Healy（1985）和 DeAngelo（1986）提出的，他们认为，公司管理者在进行公司应计利润的计算时，模型中的每一个当期指标均应该除以上一期期末的总资产以排除企业规模在应计利润中的影响，因此，随机游走模型概括为：

$$\frac{TDA_t}{A_{t-1}} = \frac{TACC_{t-1}}{A_{t-2}} \qquad (3-1)$$

其中，TDA 为第 t 年的非操控性应计利润，$TACC$ 为前一期总应计利润，A 为前一期的期末总资产。

(二) 均值回复应计利润模型

在 Healy 和 DeAngelo 提出随机游走模型后，Dechow 在对应计利润计算的研究中发现应计利润存在着均值回复的特点，此后，为了试图找出应计利润均值回复的时间长度，Dechow 将应计利润的前五年进行了累计平均，将其五年内的均值作为对当期非操控性的应计利润的估算。从而通过这种方法，Dechow 提出了新的关于盈余管理的模型，也就是均值回复应计利润模型。

(三) Jones 模型

在 Healy、DeAngelo 以及 Dechow 对盈余管理的计算提出随机游走与均值回复模型后，1991 年 Jones 在美国通过调查公司进口见面期间，相关公司盈余管理状况中通过计算发现，公司内可操控性应计利润既没有表现出如 Healy 和 DeAngelo 所说的随机游走，也没有表现出如 Dechow 所说的均值回复的特点。通过研究 Jones 认为，公司内部可操控性的应计利润会随着公司主营业务的变化而变化，同时，由于法律中规定若公司改变公司的折旧和摊销费用比率，那么公司有责任与义务将其以会计报表附注的方式将其公开，这样一来，便会引发公众投资者的注意，因此，在公司治理中，公司管理者几乎不太可能运用折旧和费用摊销的方式去进行公司盈余管理的调整，因此，通过分析 Jones 提出从两个方面对公司内部可操控的应计利润的度量：一是公司主营业务，二是固定资产。那么，公司所产生的不能被这两部分反映的公司盈余我们就可以将其作为公司管理者有目的地进行盈余管理调整的部分。此模型概括如下：

$$\frac{TDA_{i,t}}{TA_{i,t-1}} = a_i + a_{1,t}\frac{1}{TA_{i,t-1}} + a_3\frac{\Delta REV_{i,t}}{TA_{i,t-1}} + a_3\frac{PPE_{i,t}}{TA_{i,t-1}} + \varepsilon_{i,t} \quad (3-2)$$

$$TDA_{i,t} = NI_{i,t} - CFO_{i,t} \quad (3-3)$$

其中，TDA 表示总应计利润，NI 表示净利润，CFO 表示经营现金流量净额，REV 表示主营业务收入，PPE 表示固定资产值，TA 表示总资产。通过 Jones 模型，计算出回购期间正常的盈余管理程度，比较实际盈余管理与正常盈余管理间的差别（盈余管理程度 = 实际盈余管理 - 正常盈余管理），计算出股票回购前后公司盈余管理程度的大小。因此，从盈余管理程度的公式上看，若盈余管理程度小于零，则实际盈余小于正常盈余，说明公司管理者在进行股票回购前，有意进行了公司盈余的调控，有意将公司盈余调低，进而引起股票价格下跌，从而创造更有利的回购时机。

在进行盈余管理回归时，考虑到季度变化的影响，本章在进行盈余管理回归的计算时，回归模型中时间段的选择以回购阶段所在季度为准。即若某一公司回购阶段发生在第一季度，因此，在进行盈余管理的回归计算时，变量的选择均以第一季度的数据为基础；若公司回购阶段发生在第二季度，则在进行盈余管理的计算时，回归变量数据的选择则以第二季度数据为基础。有些公司由于从上市到回购的时间很短,没有办法进行回归分析,因此这种计算方法导致样本量的减少,由于这种原因所导致的样本量的减少数量为 35 个回购阶段。

对于管理者异质性的度量,我们采用 Blau 异质性参数,我们选取了性别、学历、任期作为评价标准。计算方法如下:

$$Hgender = 1 - \sum Pgender_i^2, i = 1,2 \qquad (3-4)$$

$$Heducation = 1 - \sum Peducation_i^2, i = 1,2,3,4,5 \qquad (3-5)$$

$$Hperiod = 1 - \sum Peducation_i^2, i = 1,2,3,4,5 \qquad (3-6)$$

$$Hage = 1 - \sum Page_i^2, i = 1,2,3,4,5,6,7 \qquad (3-7)$$

其中,性别异质性中 $i=1$ 表示性别为男, $i=2$ 表示性别为女。 $Pgender$ 表示各个性别的人数在总人数中所占的比例;教育背景异质性分为五组, $i=1$ 表示高中以下, $i=2$ 表示中职与专科, $i=3$ 表示本科, $i=4$ 表示硕士, $i=5$ 表示博士, $Peducation$ 表示各个教育背景人数占所有人数比例;任职期间同样分为五组, $i=1$ 表示任职期间小于 1 年, $i=2$ 表示任职期间在 1 到 5 年, $i=3$ 表示任职期间在 6 到 10 年, $i=4$ 表示任职期间为 11 到 15 年, $i=5$ 表示任职期间为 16～20 年, $Pperiod$ 表示各个任职期间人数占总人数的比例。 $Page$ 表示各个年龄段的人数所占公司高管总人数的比例,在这里我们将年龄段分成七个组。从 Blau 异质性参数的定义上来看,Blau 异质性参数的取值范围为 0 到 1,当参数为 0 时,表明不存在高管异质性;当参数值为 1 时,表明高管异质性达到最大;参数越接近 0,高管异质性越低;参数越接近 1,高管异质性越高。

我们选取了公司回购期间盈余管理水平、公司高管性别异质性、教育背景异质性、任期异质性为变量扩充了 Douglas 的研究内容,采用的回归模型如下:

$$P_{i,t}^2 = \beta_1 + \beta_2 R_t^M + \beta_3 AR_{i,t} + \beta_4 CAR_{i,tk,t1} + \beta_5 CAR_{i,t+1,t+k} + \beta_6 Period$$
$$+ \beta_7 Volume2Gross + \beta_8 A + \beta_9 Return\_Mana + \beta_{10} Hgender$$
$$+ \beta_{11} Heducation + \beta_{12} Hperiod + \beta_{13} Hage + \varepsilon_{i,t} \quad (3-8)$$

其中，Return_Mana 为公司股票回购前后盈余管理程度，Hgender、Heducation、Hperiod、Hage 分别表示公司管理者的性别、教育背景、任期以及年龄的异质性程度。

五、管理弹性对股票回购错误择时能力实证结果

在探究管理弹性对股票回购择时能力的影响时，为了排除管理弹性对市场表现的影响，因此，在对股票回购错误择时的影响因素的探讨前，我们在对股票回购正确择时的影响因素上加入管理弹性的部分，以查看管理弹性是否会对市场因素产生影响，即对正确选择回购时机的影响因素的一个进一步稳健性检验。

对那些正确选择回购时机的公司采用 Excel 2010 对回归模型进行回归分析，结果如表 3.1 所示，可以看出，平均超额收益率、前期累计超额收益率、后期累计超额收益率、回购期间长度、回购量占总回购比例、有无其他公告的回归结果仍然显著，表明影响回购择时能力的市场因素在添加其他可能影响因素后仍旧稳健。

表 3.1　上市公司回购择时能力影响因素的回归结果

	回归系数	T 统计量	P 值
市场收益率	-2.0518	-0.0588	0.9532
平均超额收益率	1082.5836	3.0257	0.0028**
前期累计超额收益率	-35.5520	-1.9793	0.0491**
后期累计超额收益率	-55.8096	-3.2784	0.0012**

续表

	回归系数	T统计量	P值
回购期间长度	0.0668	3.6749	0.0003 ***
回购量占总回购比例	5.3804	4.6238	0.0000 ***
有无其他公告	2.3637	1.6830	0.0938 *
盈余管理程度	0.9985	1.1060	0.2700
任期异质性	4.9402	1.6239	0.1059
性别异质性	3.0399	0.9943	0.3212
教育异质性	2.5680	0.7696	0.4424
年龄异质性	0.3806	0.1116	0.9112
拟合优度	0.3498	调整后拟合优度	0.3128

注：*代表统计结果的显著性，*代表10%内显著，**代表5%内显著，***代表1%内显著。

盈余管理程度与回购择时能力方向与假设相同，呈现正相关的关系。然而在统计意义上并不显著，表明盈余管理程度并不是管理者正确选择回购时机的影响因素。

在高管异质性的回归结果中，任期异质性、性别异质性、教育异质性、年龄异质性的回归系数均为正，表明高管异质性越大，高管在进行管理决策时，对信息分析存在多样性，导致公司在进行股票回购时考虑的因素越全面，因此，使公司回购股票时表现出较强的择时能力。然而，性别异质性、教育异质性、年龄一异质性在统计上回归结果并不显著，任期异质性的显著水平稍稍超过了10%显著性水平。检验结果表明管理弹性并不是公司正确选择股票回购择时的因素。因此，从回归结果上来看，管理弹性并没有对正确回购时机选择的影响因素造成影响。

那么对于那些没有能正确选择回购时机的公司而言，管理者错误选择回购时机的原因可能存在两种情况：第一种情况为公司管理者并不是有目的性地进行错误的股票回购时机的选择，而是没有能力进行股票回购的择时能力，在这种情况下，说明在我们的这个回归模型

第三章 管理弹性对股票回购市场择机能力的影响研究

中,市场表现部分预期回归结果不显著,即市场表现这部分不能解释管理者错误择时的能力。

对于另一种情况即管理者出于某种目的而进行有目的性的错择,针对这种情况而言,管理者实际上存在着择时能力,管理者能通过对股票市场的表现去进行分析、进行有目的性的错择,对于回归模型的结果来讲,应该与前面的回归结果一致,但影响的正负方向相反。因此,我们选用那些未能正确选择回购时机的公司对这个模型进行实证分析。在我们的样本中,未能正确选择回购时机的公司共有 20 家,回购阶段共有 63 个回购阶段,回购期间长度大于 90 天的共有 3 个回购阶段,在进行盈余管理的计算时,由于时间太短而造成的样本损失阶段有 14 个,因此最终进行回归的总样本量为 46 个回购阶段,其回归分析结果如表 3.2 所示。

表 3.2   回购错择回归结果

	回归系数	T 值	P 值
市场收益率	4.6949	1.0543	0.2994
平均超额收益率	6.8593	0.0833	0.9341
前期累计超额收益率	-2.5223	-0.5634	0.5770
后期累计超额收益率	-1.7268	-0.4162	0.6800
回购期间	-0.0002	-0.0369	0.9708
回购量占总回购比例	-0.1531	-0.7551	0.4555
有无其他公告	-0.1973	-1.5571	0.1290
盈余管理程度	1.0264	0.8745	0.3882
性别异质性	-0.6262	-1.7944	0.0819*
教育背景异质性	0.2974	0.5656	0.5755
任期异质性	0.8432	1.9352	0.0616*
年龄异质性	-0.5063	-1.0336	0.3088
拟合优度	0.3966	调整拟合优度	0.1772

注:*代表统计结果的显著性,*代表10%内显著,**代表5%内显著,***代表1%内显著。

从表3.2中可以看出，市场表现指标（包括市场收益率、平均超额收益率、回购期间长度、回购量占总回购量的比例、回购期间有无其他公告）的回归结果均不显著，表明市场表现指标并不是影响公司管理者在进行股票回购时错误选择时机的原因，因此说明对于那些错误选择回购时机的公司而言，公司管理者并没能对市场表现指标进行正确分析，进而帮助他们更好地选择回购的时机。因此，我们认为对于错误选择股票回购时机的公司而言，管理者在进行股票回购时，不存在这种择时能力，而不是他们有目的地进行错误的时机选择。

同时，从回购的结果上来看，与那些影响公司正确择时的影响因素相比，管理弹性中的性别异质性和任期异质性从原来的不显著变成显著。表明这两个因素是导致公司管理者不能进行正确择时的主要影响因素。

从描述性统计上看，在正确选择回购时机的259个回购阶段中，由于盈余管理计算的回归分析中导致了35个回归样本的减少，因此，最终的样本量为224个回购阶段。在这224个回购阶段中，盈余管理程度的变化如图3.1所示。

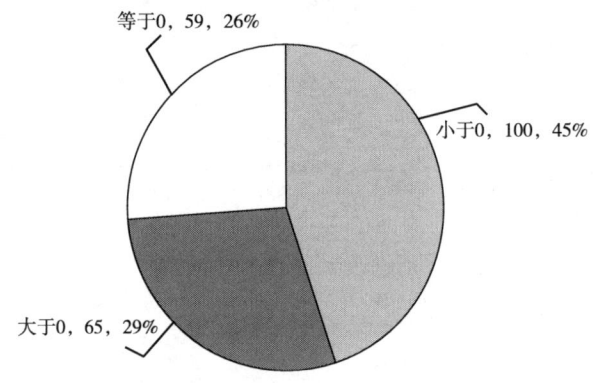

图3.1 盈余管理程度统计

从图3.1中可以看出，在这224个回购阶段中，盈余管理为负的共有100个回购阶段，占总回购阶段的45%，为正的共有65个回购阶段，占总回购阶段的29%，为零的共有59个回购阶段，占总回购阶段的26%。因此，我们认为有大约71%的回购阶段中存在着公司盈余管理。

从表3.3中给出的高管异质性均值描述性统计结果来看，性别异质性的均值为0.2342，表明在进行回购的这些公司中，高管性别异质性较小，同时，从样本数据上来看，进行股票回购的公司高管绝大多数都为男性；从教育背景异质性、任期异质性和年龄异质性的统计上来看，他们的均值分别为0.5604，0.4727，0.5841，最大值分别为0.7438，0.72，0.7893，同时，从高管异质性的统计分布（见表3.4）上来看，性别异质性程度主要集中在0~0.3，教育异质性、年龄异质性程度主要集中在0.5~0.8，任期异质性主要集中在0.3~0.5。说明这三个因素存在着比较大的异质性。

表3.3　　　　　　高管异质性均值描述性统计

	任期异质性	性别异质性	教育异质性	年龄异质性
均值	0.4727	0.2358	0.5604	0.5841
标准差	0.1392	0.1409	0.1294	0.1290
方差	0.0194	0.0199	0.0167	0.0166
峰度	2.8593	-0.7205	3.7896	1.2492
偏度	-1.3610	0.1520	-1.6538	-1.0193
最大值	0.7200	0.5000	0.7438	0.7893

表3.4　　　　　　高管异质性人数统计

异质程度	性别异质性	教育异质性	任期异质性	年龄异质性
0~0.3	158	10	12	7
0.3~0.5	66	59	116	52
0.5~0.8	3	162	96	170
0.8~1	0	0	0	0

如图 3.2 和图 3.3 所示，在那些错误选择回购时机的公司中，公司高管中男性比例占到 82%，女性比例占到 18%。在以往的研究结果发现，由于男性与女性的心理的差异，会导致男性较女性更具有风险偏好，使男性在进行自我评估时，容易导致对自身素质评价的过度自信，进而影响公司的决策。同时，从任期异质性的回归结果上来看，任期异质性的回归结果显著为正，表明高管任期异质性越大，导致股票回购时机选择越差。从任期异质性的统计结果上来看，高管的任期分布相对平均，任期为 7~9 年的回购阶段有 45，4~6 年的回购阶段有 35 个，其他阶段均相对平均。因此导致这种回归结果产生的原因可能是由于在公司高管团队中，高管的任期较为平均，因此导致在进行决策时，各方势力相对平均，不能达成一个有利于公司的决策。

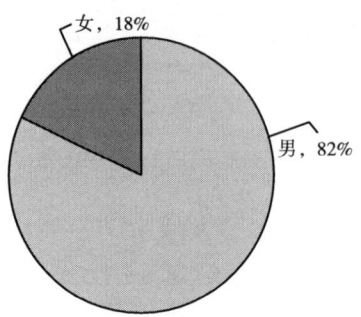

图 3.2 错择公司高管性别分布

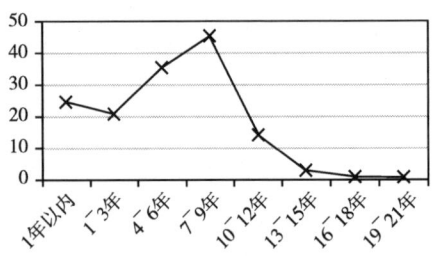

图 3.3 任期异质性统计

六、结论与启示

(一) 结论

为了探讨这些上市公司高管在选择回购时机时,是否真的存在着择时能力,通过添加对比组即添加那些没有能正确选择回购时机的公司进行分析,研究结果发现,那些影响正确择时能力的市场表现的因素并不是错误择时的原因,因此可以表明公司管理者并没有能对市场表现进行正确的分析,从而导致了在公司进行回购时机选择时,没有能选择正确的回购时机。同时,管理弹性中的性别差异和任职期间长度的差异显著,表明管理弹性中的这两个因素是导致管理者在进行股票回购时机选择时错误选择时机的因素。通过以往的研究和我们的分析,我们认为,导致这种现象产生的原因可能在于管理者的过度自信。

(二) 启示

从公司治理的角度而言,中小投资者要具备一定的信号甄别能力,防止公司知情者利用公告发布,干扰股价波动,从而达到其财务目的。

从资本市场监管的角度出发,证监会应该更加细化股票回购公告的细则,尤其要增加实际回购数量和价格公告的即时性要求。

中国上市公司股票
回购时机研究
Chapter 4

第四章 股票回购市场时机选择的预测性研究

我国股票回购始于1992年，截至2009年，已成功实施股票回购计划的上市公司近100家，有趣的是，从时间序列来看，我国实施股票回购计划的公司在各年分布并不均匀，主要集中在2005年、2006年和2008年，是什么原因引起回购积聚的现象呢？本文基于剩余现金假说理论，以我国公司1994～2008年发生的股票回购量为样本，建立股票回购活动的演化模式并进行向量自回归方程分析，结果表明，我国上市公司股票回购与我国经济发展周期之间不存在显著的相关性，而证实了自由现金流的增长积极显著地影响回购量的增长，现金流增长与回购量增长之间的正相关关系，说明预测现金流对回购量有积极的影响，即现金流的增长可以显著地预测未来回购量的增长。该发现从战略管理的角度分析，可以为管理者把握回购时机，提供依据。

第四章　股票回购市场时机选择的预测性研究

一、引　言

我国股票回购始于1992年,截至2009年,已成功实施股票回购计划的上市公司近100家,有趣的是,从时间序列来看,我国实施股票回购计划的公司在各年分布并不均匀,主要集中在2005年、2006年和2008年,是什么原因引起我国股票回购积聚的现象呢?本文基于剩余现金假说理论,以我国公司1994~2008年发生的股票回购量为样本,建立股票回购活动的演化模式并进行向量自回归方程分析,以期发现关于我国股票回购量、企业自由现金流和宏观经济周期性之间的关系。

现金剩余假说是Amy Dittmar和Robert Dittmar在2007年提出来的,他们发现美国资本市场上的股票回购有两个繁荣期:一个是在20世纪80年代中期,到了90年代初期时却下降了;另一个则是在90年代末达到高潮,在21世纪初期又回落了。另外,还有一个小热潮出现在20世纪70年代初,但在那段时期,由于回购的数目和规模相对较小,因此那段时期的特征并不明显。整体而言,他们发现在整个的回购历史长河中,回购行为遵循着周期性的趋势。于是他们对这种时间序列变化进行了研究。通过提出相关变量,构建模型,进行实证分析,最终发现,导致回购活动变动的原因是经济周期。经济周期的变化导致公司在一段时期内拥有较多或较少的现金盈余,从而导致在这段时期内出现较高的或较低的回购活动。即经济活动激增使净现值为正的投资机会产生超额现金流进而出现了回购波动。另外,他们进一步地发现,尽管自由现金流能解释回购量,但是它却依赖于自由现金流和经济周期的共同趋势。具体就是,宏观经济活动随着时间的推移而不同,影响到企业用来回购股票的可用的现金流,而现金流的可用性影响到未来回购活动。他们特别注意到,现金流的某些部分和

中国上市公司股票回购时机研究

回购活动，与经济的整体走势是相关的。从而证实了美国资本市场上股票回购的周期性。这一假说与 Lowry（2003）的资本总需求假说有关，并在 Grullon 和 Michaely（2004）文中得到印证，回购股票的公司在回购活动发生之后就会减少投资，从而符合以剩余现金分配的观念。该假说认为，由于经济活动的激增，导致净现值为正的投资机会产生了自由现金，随着早期投资回报的实现，在进一步循环的过程中有利可图的投资机会将会变得越来越稀少，从而导致回购活动增加。这种理论是典型的经济周期理论。

现金剩余假说是关于股票回购理论的发展。它的主要理念是，经济周期变化可能会影响管理人员对其所拥有的超额现金总量的支配。在经济周期的最开始，企业开始进行投资建设，此时，从现有的投资和大量的投资活动中产生很少的现金流入量，现金剩余很可能是最小的，这意味着回购活动应相对较低。随着周期的发展，现金流量开始增加，并为回购计划提供了一些动力。在周期的高峰期（繁荣期），现金流量达到最大，但有利可图的投资机会却非常有限。因此，在这些时间里，回购活动会很频繁。管理人员在回购政策制定之前先制订投资政策，而决定企业回购政策的一个重要因素就是分配多余现金。所以经济周期的发展变化导致企业的剩余现金流也随之发生变化，剩余现金流的增多最终会导致企业股票回购活动的频繁，其中早期投资回报的实现及有利可图的投资机会的稀缺推动着循环，这就是典型的经济周期模式。本章研究的目的为试图检验我国股票市场股票回购是否存在周期性，该周期性是否与经济周期相关，影响股票回购的集聚现象的重要因素有哪些，是否可以预测。

本章的主要贡献为，对我国股票回购的宏观视角进行探索性研究，证实了现阶段我国上市公司股票回购与我国经济发展周期之间不存在显著的相关性，自由现金流的增长积极显著地影响回购量的增长，现金流增长与回购量增长之间的正相关关系，说明预测现金流对回购量有积极的影响，即现金流的增长可以显著地预测未来回购量的增长。该发现从战略管理的角度分析，可以为管理者把握回购时机，提供依据。

二、理论回顾与假设提出

相比较20世纪80年代提出的股票回购的自由现金流假说，现金剩余假说所要说明问题的角度是不一样的。Jensen（1985）当时提出自由现金流这一概念时，主要是为了说明当公司拥有大量自由现金流时出现的管理层与股东的冲突及其所带来的代理成本问题。在他看来，要使公司有效率并使股东价值最大化，必须把企业的自由现金流支付给股东，但管理层为了个人私利，总是希望公司的自由现金流尽可能得多，宁愿将其投资于低收益的项目也不肯把它们交还给股东。因为，向股东发放现金而减少了管理层手中控有的大量自由现金流的公司比较容易成为目标公司，当这些公司需要筹集新资金时，必然要受到资本市场的监管，从而威胁到管理层扩张战略的自由实施，损害了其利益。可见，自由现金流问题实质上也就是关于公司资源（自由现金流）控制权的争夺。而股票回购就是为解决这一控制权的争夺，通过股票回购，以公司自有现金购回股东手中的部分股票，减少现金的留存，避免管理者和股东之间的冲突，减少现金流的代理成本。

现金剩余假说则认为，引起回购行为的最终原因，是由于经济周期的波动。经济发展处于不同的阶段，影响到上市公司的剩余现金流跟着发生变化，进而影响到了公司的回购行为。简言之，就是当经济发展到高潮时期时，上市公司的回购行为就会增多；而当发展到了低谷时，相应的回购行为就会减少。

因此，现金剩余假说与自由现金流假说的区别主要有以下几点：

第一，股票回购的动机不同。自由现金流假说认为自由现金流是导致股票回购的直接原因；而现金剩余假说则认为经济周期是导致股票回购的最根本原因，自由现金流是起"牵线搭桥"的作用。

第二，研究的对象不同。现金剩余假说是针对整个资本市场上所有发生回购的上市公司而言的，即以整体为研究对象，解释为什么有时回购公司的数量剧增，而有时回购公司的数量又降低了；自由现金流假说则从个体出发，研究单个公司回购股票的动机。

第三，回购的条件不同。现金剩余假说认为只有当经济发展到高潮时公司才会拥有多余的资金，也才会有更多的公司发生回购行为；而自由现金流假说认为只要企业存在着多余的现金，而这些资金又没有更好地投资机会时，就应该发生回购。

第四，回购的目的不同。现金剩余假说认为公司采取回购行为是顺应经济发展状况，在适当的时机下发生回购能更好地发挥作用；自由现金流假说则说明采取回购行为是为解决资金的代理成本问题，避免经营者和股东之间的冲突。

关于我国股票回购动机的研究中，有一些学者运用实证研究验证了财富效益假说、信号传递假说、财务效应假说等，从而为我国上市公司的回购动机提供了很多的依据，能更好地了解公司的回购行为。但目前还没有关于现金剩余假说的实证。因此，本文以该假说为理论基础，尝试从宏观的角度来检验说明中国上市公司的回购行为是存在着周期性变化的，从而从战略上为上市公司预测自己的回购计划提供一定的帮助，也有助于提高我们对公司决策制定模式的影响因素的认识。

针对现金剩余假说，本文提出如下三个假设：

假设 4-1：在不考虑 $M2$ 时，自由现金流的增长积极显著地影响了回购量的增长；

假设 4-2：同时考虑自由现金流和 $M2$ 的情况下，自由现金流的增长和 $M2$ 的增长都对回购量的增长有显著的影响；

假设 4-3：只考虑预测自由现金流的情况下，预测自由现金流能积极显著地预测未来回购活动。

三、研究设计

为了探讨这些假设,需要两类数据:(1)公司的自由现金流和回购价值;(2)宏观经济总量。回购量(RP)是指由购买普通股和优先股的总支出减去优先股减少的价值而得到的。公司的自由现金流(CF),也可以称为增量现金流量、剩余现金流量、可分配现金流量、可自由使用的现金流量等,尽管对自由现金流量的大量运用仅限于一些财务咨询、信用评级、投资银行等机构。但越来越多的投资专家开始关注公司的现金流量。由于股票回购在我国的历史比较短,为使实证效果更明显,文中将周期延长,采用的都是半年度数据。流动变量(RP 和 CF)是在一年中的不同时点被观察得到的,根据现金剩余假说的研究角度,需要将这些数据进行汇总,以总量衡量指标的形式进行检验。保证遵守会计准则,并假定历年的在企业财务报表上出现的所有回购活动都在当年结束。而如前所述,宏观经济总量指标选用了 $M2$,该数据来源于中国人民银行网站。

关于现金剩余假说的核心问题就是要确定股票回购活动的时间序列变动的来源。因此,建立回购量的动态模型是关键。文中以股票回购活动的发展进程来构建一个向量自回归方程。基于这个方程,从定性方面来说,回购量的增长是由许多因素导致的,其中包括过去回购的增长,过去现金流的增长,以及过去宏观经济的增长,其经济意义表明回购增长有三个来源,首先是宏观经济活动,它推动了宏观经济、现金流和回购的共同行为;其次是与宏观经济无关的现金流量;再次是无论与宏观经济或是与现金流都无关的回购活动。

根据 Engle 和 Granger(1987)的理论,建立一个系统的动态模型，作为一个协整的，或纠错的向量自回归。从经济意义上来说，当向量自回归中的变量处于非稳定的水平，而变量的线性组合是稳定时，纠错向量自回归（EC-VAR）是一种很合适的检验方法。具体可以这样来理解纠错向量自回归：假设向量自回归中的变量有一个长期的趋势来控制它们的联合行为，但是其中的任何一个变量可以任意地离开这个趋势。因此，纠错向量自回归给向量自回归增加了一项纠错项来控制这些偏离趋势。即向量自回归抓住了变量的共同趋势，而纠错项为这一趋势建立了固定偏差。在文中构造的这个模型中，回购、现金流量以及宏观经济变量的增长抓住了这些变量的共同趋势。而本文正是要研究回购、自由现金流和宏观经济之间的关系，因此，这一共同趋势成了本文关注的重点。回购、现金流和宏观经济变量中的纠错项则抓住了这些变量中偏离这种共同趋势的暂时性偏差。

（一）构建模型及变量解释

取 $Z = \{RP_t, CF_t, M2_t\}$，其中，RP_t 表示在时刻 t 时企业为进行回购所支付的费用，CF_t 表示在 t 时刻时企业所拥有的自由现金流，而 $M2_t$ 表示在时刻 t 时的货币供应量。通过前段文字的叙述，为控制回购量、自由现金流和货币供应量中任一变量偏离它们的共同趋势，需要加入一个纠错项，因此，我们在关于回购量的评估中加入了一个纠错项。而这一纠错项，是通过下列最小二乘法建立的方程组而得到的：

$$Z_t = \wedge Z_t + \varepsilon_t = \begin{pmatrix} 0 & \lambda_{12} & \lambda_{13} \\ \lambda_{21} & 0 & \lambda_{23} \\ \lambda_{31} & \lambda_{32} & 0 \end{pmatrix} \begin{pmatrix} RP_t \\ CF_t \\ GDP_t \end{pmatrix} + \begin{pmatrix} \varepsilon_t^{RP} \\ \varepsilon_t^{CF} \\ \varepsilon_t^{M2} \end{pmatrix} \quad (4-1)$$

通过构建纠错项 $\hat{\varepsilon}_t = Z_t - \wedge Z_t$。最终的检验模式由向量自回归变量的增长，即 ΔZ_t；纠错项，即 $\hat{\varepsilon}_{t-1}$ 构成。将这个检验模型作为纠错向量自回归（EC-VAR）：

$$\Delta Z_t = a_0 + A\Delta Z_{t-1} + B\hat{\varepsilon}_{t-1} + e_t \qquad (4-2)$$

系数 B 除了在第一行之外均为 0，因此，本文着重关注和介绍纠错向量自回归的第一行，对这一行进行分析：

$$\Delta RP_t = a_{10} + a_{11}\Delta RP_{t-1} + a_{12}\Delta CF_{t-1} + a_{13}\Delta M2_{t-1} \\ + b_{11}\hat{\varepsilon}_{t-1}^{RP} + b_{12}\hat{\varepsilon}_{t-1}^{CF} + b_{13}\hat{\varepsilon}_{t-1}^{M2} + e_t \qquad (4-3)$$

根据假设，即现金流量的增长反映回购活动的增长。如果剩余现金导致回购活动，那么则可以预测在经济高速增长的一段时期之后总量回购活动会增加，因为这一后增长时期反映的是现金流得以实现的时期以及有利可图的投资机会变得越来越稀少。依据假说代表前一期现金流增长和或前一期货币供应量增长的系数 a_{12} 和 a_{13} 应该为正。而关于前一期的回购增长或纠错项 $\hat{\varepsilon}_{t-1}^{RP}$ 的显著系数表明，与回购相关的但与方程组中其他变量无关的一些动机导致了回购活动。如果系数 a_{11} 是显著的，则表明导致股票回购的动机与回购趋势是相关的；如果系数 b_{11} 显著，那么导致回购的动机是临时的和短暂的。至于剩余的纠错系数，b_{12} 和 b_{13} 表明回购增长是否与现金流或宏观经济偏离共同趋势的暂时偏差有关。

另外，还可以将式（4-3）改成如下形式：

$$\Delta RP_t = a_{10} + a_{11}\Delta RP_{t-1} + a_{12}\Delta CF_{t-1} + a_{13}\Delta M2_{t-1} + b_{11}EC_{t-1} + e_t \qquad (4-4)$$

其中，变量 EC_{t-1} 表示纠错项，EC_{t-1} 代表 $\hat{\varepsilon}_{t-1}^{RP}$、$\hat{\varepsilon}_{t-1}^{CF}$ 和 $\hat{\varepsilon}_{t-1}^{M2}$ 中的任何一项，它可从第一阶段的回归中得到，即由式（4-1）的纠错项模型化简而得到以下的式子：

$$RP_t = \lambda_{12}CF_t + \lambda_{13}M2_t + EC_t^{RP} \qquad (4-5)$$

$$CF_t = \lambda_{21}RP_t + \lambda_{23}M2_t + EC_t^{CF} \qquad (4-6)$$

$$M2_t = \lambda_{31}RP_t + \lambda_{32}CF_t + EC_t^{M2} \qquad (4-7)$$

在这里还将介绍一下关于假设三中预测现金流是如何得到的，首先由式（4-6）式得到 EC_t^{CF}，然后将式（4-5）调整得到如下的公式：

$$\Delta CF_t = a_{10} + a_{11}\Delta CF_{t-1} + a_{12}\Delta RP_{t-1} + a_{13}\Delta M2_{t-1} + b_{11}EC_{t-1} + e_t$$

$$(4-8)$$

由式（4-8）可得到预测现金流，但还应该再取滞后一阶的预测现金流才是满足假设三种的预测现金流的条件。

（二）变量数据的选取

本节中具体讨论整体回购活动中的时间序列模型。本文以陆家嘴案为我国第一起成功回购案，数据讨论从1994年开始。将企业回购量和进行回购股票的公司列示在了表4.1中，由于1年之中有些公司在上半年与下半年均有回购，因此，为避免重复计算，进行回购的企业数量用年度数据表示。表4.1中显示的是1994~2008年半年度的回购量。期间有几年无回购发生，故以缺失值代替。数据单位为人民币元。

表4.1　股票回购总量和进行回购的企业数量（1994~2008年）

年份	企业回购总量（元）	企业数量（个）
1994年上半年	.	1
1994年下半年	400000000	
1995年上半年	.	0
1995年下半年	.	
1996年上半年	204000000	1
1996年下半年	.	

续表

年份	企业回购总量（元）	企业数量（个）
1997 年上半年	.	0
1997 年下半年		
1998 年上半年	.	0
1998 年下半年		
1999 年上半年	.	1
1999 年下半年	2510000000	
2000 年上半年	.	3
2000 年下半年	902703076.8	
2001 年上半年	115707690	1
2001 年下半年	.	
2002 年上半年	.	0
2002 年下半年	.	
2003 年上半年	269090	1
2003 年下半年	.	
2004 年上半年	.	1
2004 年下半年	1002000000	
2005 年上半年	4400000000	16
2005 年下半年	11546700000	
2006 年上半年	18745647705.97	20
2006 年下半年	852104028.77	
2007 年上半年	850560720	6
2007 年下半年	1896840.8	
2008 年上半年	1278176373.5	42
2008 年下半年	1824382207.38	

资料来源：根据和讯网上的公开信息整理所得。

根据所显示的数据，我国股票回购有两个繁荣时期：第一个是从 2005 年开始，中国开始进行股票回购的企业数在增加，并持续到 2006 年，到 2007 年回购股票的企业数就减少了；而到了 2008 年时，由于全球经济环境的影响，中国回购股票的企业数陡然上升，增加幅度非常显著。同时我们将企业的自由现金流和的数据列示在表4.2中。由于有些年份无企业发生回购,故而得不出企业的自由现金流,以缺失值代替。而我国在1994年和1995年时还没有开始统计的月度数据,只有全年总数。

表4.2 回购公司当年的自由现金流总额和宏观经济指标 M2(1994~2008年)

年份	剩余现金流(元)	M2(万元)
1994年上半年	195691512.00	23461750
1994年下半年	509412831.00	23461750
1995年上半年	.	30375250
1995年下半年	.	30375250
1996年上半年	60961760.09	387425000
1996年下半年	66435238.51	434687100
1997年上半年	.	482293000
1997年下半年	.	519327300
1998年上半年	.	557506400
1998年下半年	.	601010700
1999年上半年	889377716.70	652358000
1999年下半年	3414444868.27	688907100
2000年上半年	283735275.80	726965180
2000年下半年	106333547.10	767026100
2001年上半年	455844000.00	824217500
2001年下半年	2000000000.00	888820760
2002年上半年	.	9743003400
2002年下半年	.	1052702130
2003年上半年	59058079.78	1165555870
2003年下半年	62995285.10	1270776050
2004年上半年	1592446516.80	1390705000
2004年下半年	1970155265.91	1462411870
2005年上半年	3327000000.00	15936733800

续表

年份	剩余现金流（元）	M2（万元）
2005 年下半年	70607765600.00	1724390250
2006 年上半年	17319717987.00	1871747070
2006 年下半年	15641413802.00	1999591020
2007 年上半年	3283175393.48	2189139430
2007 年下半年	105897330.94	2361552210
2008 年上半年	51920043990.27	25706148800
2008 年下半年	1674561749.68	2735052140

资料来源：根据和讯网和中国人民银行的公开信息整理所得。

本章是以1994年1月到2008年12月31日进行股票回购的企业为研究对象，其中包括在纽约上市国内企业和在香港上市的内地企业。数据样本来源是根据金融界、和讯、申万研究等相关网站上关于企业的公开信息整理所得。选择标准是企业提出了回购计划，并实施了该计划，因此，本文将那些虽提出了回购计划但未实施的企业剔除。同时企业在上半年回购的数量就划归上半年，在下半年回购数量划归下半年，即使是同一个回购计划。而有些企业可能在前一年中提出回购计划，并已经实施了，但是持续到后一年回购行为才实施完成，那么在下一年度回购的数量就划归为下一年度。由于在境外上市的企业，在提供的公开信息中都是以外币为计量单位的，为了进行统一核算，文中都是将外币换算成人民币，汇率都是使用回购行为发生当年的6月30日和12月31日当日的外币兑人民币的汇率。

在后面正式地对我国上市公司的股票回购行为进行分析。许多研究人员和公司管理层认为，价值低估才导致了公司做出了回购股票的决定。然而AR文却提出了不同的观点，他们研究了美国资本市场，发现股票回购和经济周期之间存在显著的相关关系，由此提出了现金剩余假说。因此，鉴于他们研究的经济周期和股票回购量之间的相互关系,以中国的数据来对现金剩余假说进行验证,以确定在中国的资本市场上,经济活动和自由现金流量与股票回购是否存在一定的关系。

四、实证结果及分析

(一) 预检验

为了检验宏观经济和自由现金流在刺激股票回购活动中所起到的作用。首先针对式 (4-5)、式 (4-6) 和式 (4-7) 进行检验,得到的结果分别如表4.3~表4.5所示。

表4.3　　　　式 (4-5) 的检验结果

变量	系数	标准误差	t 值	P 值
CF_t ***	0.1224	0.043294	2.826730	0.0086
$M2_t$	6.89E-06	5.48E-06	1.256030	0.2195

注:*** 表示1%水平下显著。

表4.4　　　　式 (4-6) 的检验结果

变量	系数	标准误差	t 值	P 值
RP_t	1.664631	0.955414	1.752313	0.1010
$M2_t$	4.97E-05	3.32E-05	1.747974	0.1040

注:*** 表示1%水平下显著。

表4.5　　　　式 (4-7) 的检验结果

变量	系数	标准误差	t 值	P 值
RP_t	7744.499	6165.854	1.256030	0.2195
CF_t *	3017.347	1544.031	1.954200	0.0607

注:* 表示10%水平下显著。

经过检验,可以发现,由式(4-6)得到的检验结果在10%水平下是接近显著的,而由另两个公式得到的检验结果中,都有一个是不显著的。因而,只能根据式(4-6)求得纠错项EC_t^{CF},即自由现金流偏离回购量、自由现金流和宏观经济的暂时性偏差。

然后将求得的EC_t^{CF}代入式(4-4),以确定股票回购量的增长与自由现金流的增长、宏观经济的增长之间的关系。

(二) 现金流、M2 和回购量之间的实证结果

在本部分中,列示了关于回购量增长、现金流增长和 $M2$ 增长的每一个纠错向量自回归的回购方程的结果。

表4.6 显示的是回购量、自由现金流及 $M2$ 各自差分滞后一阶的时间序列回归结果。在表4.6 中,其中,(1) 中仅包含在向量自回归方程中的回购量和自由现金流这两个解释变量;(2) 中增加了变量 $M2$;(3) 中包含用纠错向量自回归方程预测出的自由现金流。

表4.6　　　　　　　回购量、自由现金流和 $M2$

变量	(1)	(2)	(3)
ΔRP_{t-1}	-0.2545	-0.2386	-0.2417
ΔCF_{t-1}	0.5390***	0.5340**	
$\Delta \hat{CF}_{t-1}$			0.2910**
$\Delta M2_{t-1}$		-0.0003	
EC_t^{CF}	-0.6310**	-0.6200**	-0.0901
常数项	-1.70E+09	3.17E+09	-2.48E+09
修正的 R^2	0.9036	0.8951	0.8348

注:*,**,*** 分别表示在10%,5%和1%的水平下显著。

(三) 自由现金流和股票回购的关系检测

为了进行比较,首先只针对自由现金流进行检验,列示了省略掉宏观经济活动衡量指标的结果,因此只关注 EC – VAR 模型中的回购活动和现金流量。如表 4.7 所示,回购活动的增长有两个来源。首先是现金流的增长,由回归的结果可以看出,回购活动的增长与现金流增长的滞后一阶存在正的相关性并且统计上是显著的关系。其次是现金流的暂时性偏差,该变量表示为自由现金流的误差修正项,统计上的显著性表明该变量对回购活动的增长有显著的贡献。需要注意的是这里的误差修正项代表了现金流的暂时性变动,它与回购和现金流的共同趋势无关。因此,结果表明存在着与现金流有关的但是与回购量和自由现金流的共同趋势无关的因素推动了回购活动,但这些因素仅代表了暂时性变动。从校正的 R^2 可以判断方程拟合的效果比较好,各变量对回购活动的解释力度相当强烈。假设 H4 – 1 得到了印证。

表 4.7 现金流增长和企业回购量增长的关系

变量	系数	标准误	t - 统计量	P 值
常数项	– 1.7E + 09	1.0E + 09	– 1.6380	0.2000
ΔRP_{t-1}	– 0.2545	0.1262	– 2.0173	0.1370
ΔCF_{t-1}	0.5387	0.0834	6.4620	0.0075
EC_t^{CF}	– 0.6314	0.1305	– 4.8396	0.0168
R^2	0.9518	F - 统计量	19.7500	
校正的 R^2	0.9036	P 值(F 统计量)	0.0177	

(四) 宏观经济活动和股票回购的关系检测

表 4.8 中加入了 $M2$ 变量。但是从表中可以看出,$M2$ 与回购量

之间的关系并不显著。首先，$M2$ 的系数为负，这与在前面提到的系数 a_{13} 为正的要求不相符，另外，P 值过大，表明相关性不显著。因此，$M2$ 对回购活动的增长没有显著性的贡献。同时我们注意到，尽管加入了 $M2$ 变量，但是现金流增长与回购量增长之间仍存在着显著的正相关关系，并且正如先前的结果，导致回购的动机中仍然存在一些组成部分，是与回购量或宏观经济活动无关的，但是与现金流有关的暂时性的变动因素，正如回购纠错项的显著系数所表示的。因此，在假设 H4-1 的基础上，加入考虑了宏观经济活动的因素，尽管得到的结果与预期不一样，但我们却进一步验证了，现金流增长和一些现金流的暂时性的变动对回购量的增长有积极显著的影响。

表 4.8　现金流增长、$M2$ 增长和回购量增长的关系

变量	系数	标准误	t 值	P 值
常数项	3.17E+09	5.63E+09	0.56257	0.6304
ΔRP_{t-1}	-0.238556	0.132885	-1.795213	0.2145
ΔCF_{t-1}	0.534379	0.087087	6.13612	0.0255
$\Delta M2_{t-1}$	-0.000305	0.00035	-0.87048	0.4758
EC_t^{CF}	-0.619999	0.136709	-4.535178	0.0453
R^2	0.955049		F-统计量	13.80578
校正的 R^2	0.895147		P 值（F 统计量）	0.06868

（五）预测自由现金流和股票回购的关系

认识到现金流增长对回购量增长的显著的影响，为了进一步强调这一点，研究了预测现金流量的能力。与表 4.8 有所不同的是，这部分数据只撷取了通过前述式（4-1）~式（4-4）得到的那部分预测现金流，并将这部分预测现金流的滞后一阶运用在现金流增长和回购

量增长的纠错向量自回归中。在表4.9中列示了预测出的现金流作为自变量对回购活动的增长的影响的解释，结果表明，在5%的显著性水平下拒绝系数为零，即现金流的预测值对回购活动有显著性的影响，即支持了我们提出的假说H4-3，但在这一检测活动中不存在与现金流有关的暂时性变动对回购量的影响。

表4.9　预测现金量增长和回购量增长的关系

变量	系数	标准误	t值	P值（t统计量）
常数项	-2.48E+09	1.34E+09	-1.843426	0.1625
ΔRP_{t-1}	-0.241652	0.164927	-1.465205	0.2391
$\Delta \hat{CF}_{t-1}$	0.29098	0.060518	4.808168	0.0171
EC_t^{CF}	-0.090149	0.076277	-1.181865	0.3224
R^2	0.917416		F-统计量	11.10881
校正的R^2	0.834831		P值（F统计量）	0.039277

五、结论与展望

本章对我国股票回购的宏观视角进行探索性研究，证实了现阶段我国上市公司股票回购与我国经济发展周期之间不存在显著的相关性，自由现金流的增长积极显著地影响回购量的增长，现金流增长与回购量增长之间呈正相关关系，说明预测现金流对回购量有积极的影响，即现金流的增长可以显著地预测未来回购量的增长。该发现从战略管理的角度分析，可以为管理者把握回购时机，提供依据。

依据本章的研究，无法证明宏观经济的增长会使上市公司的自由现金流增多，进而影响到上市公司的回购行为，即当宏观经济发展变化时，自由现金流并不一定也随之发生着相似地变化，因而不能得出股票回购和经济周期之间的关系。我国上市公司的股票回购并不符合周期性理论。在我国,上市公司的回购行为不呈阶段性变化。但是本章的实证却又一次验证了自由现金流与股票回购之间的关系,现金流的增长能积极显著地预测未来回购量的增长,即当上市公司存在着较多的自由现金流时,更容易发生回购行为。

　　本章的研究,受到研究期间的限制,样本量还不够丰富,还可以选取更多的宏观经济指标进行测试,以便使研究结果更加稳健。

中国上市公司股票
回购时机研究
Chapter 5

第五章　基于股票回购行为的相关研究

主题一：新兴市场股票回购公告的价值效应研究

一、引　言

股票回购始于美国，公司可以回购自家的股份，而不必注销，使上市公司拥有了从公司现有股东手中买回部分发行在外的公司股份的权力。无论是对投融资还是战略布局、股权激励等，回购的作用具有丰富的想象空间，因此，很快得到公司管理层及经济学家的重视。大量的实证研究表明，股票回购对公司反收购、优化公司资本结构，调整财务指标，向公众传递内部信息及股息避税等方面有着不可小觑的影响。

我国股票回购起步较晚。1992年，我国出现首例股票回购案例，即小豫园并入大豫园的合并回购案例。随后陆家嘴、云天化和申能股份等上市公司接连发布了股票回购的公告。2005年6月16日，中国证监会发布了《上市公司回购社会公众股份管方法（试行）》，允许上市已满一年，近一年内无重大违纪行为和股票回购后仍具有持续经营能力的公司进行股票回购。2008年9月21日，证监会对《上市公司回购社会公众股份管理办法（试行）》中有关上市公司以集中竞价交易方式回购股份的行为进行了补充规定，放宽了股票回购的条件。

依据股票回购政策出台的背景发现，2005年，在《上市公司回购社会公众股份管理方法（试行）》条例颁布前，我国A股市场持续呈低迷状态，一些上市公司市价跌破其每股净资产值。上市公司纷纷提出回购其流通股的要求，刺激了中国股票回购政策的首次明确制定。2008年，证监会对试行条例进行了补充规定的主要目的亦在鼓励公司进行股票回购，活跃市场交易，调节供求关系，从而反转2008年因金融海啸导致的股市低迷现状，使公司股价维持在正常水平。

根据法律要求，在实施回购计划前，上市公司必须先在交易所披露其回购方案，由于回购事件的单纯性和易计量性，股票回购事件的"窗口"价值效应受到了众多学者的关注。由于首次公告是公众得到公司回购计划的第一手可靠资料，本章将着重研究公司首次发布公告的效应。

本章以2008~2012年沪、深交易所和印度孟买证券交易所发布的股票回购公告为研究样本，研究我国和印度股票回购公告的对比效应，具体包括：公告日前后十天股价的变化幅度与趋势、公告日一年后股价的变化幅度与趋势、行业对公告效应的影响和2008~2012年各年公告效应的影响趋势。

2005年以前中国证券市场存在股权分置的问题，比起西方发达国家，我国股票回购制度的建立步入正轨的时间较晚，股票回购的主要目的与方式也与西方国家相比有很大的不同。相比之下，印度于1998年正式建立股票回购制度，与中国有着相似的股票回购发展历史。同时，印度作为2006年后同中国一样受世界关注的另一新兴的资本市场所在地，与中国有着同向可比性。通过比较中印两国股票回购的公告效应，旨在衡量影响中国股票回购的公告效应因素的普遍性与特殊性，同时我国可以吸收、借鉴印度公司股票回购实践中的精髓，这对于中国上市公司发布股票回购公告有启示作用。

二、文献回顾

股票回购起源于美国，迄今为止，美国已有大量的文献研究股票回购的公告效应。研究大致分为三个阶段。第一阶段是理论阶段。在这一阶段，学者们提出了各自对股票回购公告效应的理解与解释，并有后继学者对每一种进行了有效性研究。这些理论包括法拉和塞尔文提出的税差理论、Vermaelen 的信号传递假说、Jensen 的代理成本理论和 Manne 的公司控制权市场理论等。第二阶段是理论实证阶段。学者们通过各自大量的实证研究，调研股票回购公告效应是否真实存在及其作用力方向如何。Ikenberry（1995）通过实验证实了股票回购的公告对股价有正向影响，他发现以公告日前后两天为界，市场对股票回购宣告的平均反应率是 3.54%。之后 Hatakeda 和 Isagawa（2004），Lie（2005）都再次证实了这个结论。最终我们可以得到如下结论，大多数学者得到的结论都是股票回购的公告给股价以正向作用力。第三阶段是单因素分析阶段。学者们越来越确信股票回购的公告会给公司带来价值效应，于是开始研究有哪些因素会影响这种价值效应。Li-Chin 和 Liu 通过对 1978～1992 年 335 家在公开市场上进行股票回购的公司进行研究，发现股票回购的公告效应受回购百分比与回购前每股收益的影响。同时，公司规模也对股票回购有一定的影响。这是由于规模小的公司不受太多人关注，管理者与投资者信息不对称的程度大，其股票回购后会计信息较之前相比变化最大，财务指标较之前相比得到更多优化，因此会影响股票回购的公告效应。Born 等选取保险业为主要研究对象，研究了 1981～1997 年宣布进行股票回购的保险公司，研究发现保险业的股票回购公告效应大致与之前学者结论相同，即公告伴随了一个显著的正向的价值效应。研究同时发现，由于保险业受到严格的行业管理，其股票回购公告带来的价值效应没有工业企业的价值效应显著。这说明公司性质不同，股票回购的公告效应影响不同。

中国股票回购起步尚晚，所以有说服力的研究股票回购公告效应的文献也并不多。多数研究股票回购公告效应的文献集中在讨论"是否存在公告效应"，或是若存在公告效应，"这一效应的影响时间

第五章　基于股票回购行为的相关研究

范围和变化趋势"两方面。

梁丽珍研究了从2006年6月证监会股票回购条例出台后到2006年7月31日的宣告回购股票的全部公司进行了实证研究，结果显示，股票超常收益从公告日前六日起逐渐有上升趋势，公告日后社会公众股回购出现负的超常收益，而定向回购股仍保持正向的超常收益。梁丽珍对这一现象的解释是：市场存在信息提前泄露的情况，另外，由于定向回购一般伴随着股权分置改革方案的说明，因此公告日后仍有较高的超常收益。李斌等基于异常绩效指标法，在再次证实了公告对股价有正面影响和中国市场存在信息泄露的观点后，提出不同回购方式对公告效应产生不同影响。一般来说，以债券资产方式进行的股票回购比以现金资产进行的股票回购产生更显著的异常绩效指标。汪启涛和王丽娟选取2007年1月1日至2011年3月15日的A股市场上发生的股票回购公告为样本，发现市场对股票回购公告的反应积极，同时也发现，公司股价被低估程度、公司的财务杠杆和治理结构以及公司的规模对于公告效应有正向作用。

印度的股票回购开始于1998年，比起多数发达国家起步也尚晚。Kaur和Singh运用事件研究法，对1999～2004年在孟买证券交易所发布股票回购公告的公司进行了研究，发现市场对股票回购反应积极，在股票回购公告前的1~3天里，股票已经有异常超额收益。更值得注意的是，在被研究的公司中，72%的公司在公告日都有正向的收益。Hyderabad以2000～2006年里的68次股票回购宣告作为研究样本，得到公告日那天股票回购公司的平均超常收益（AAR）是2.83%，累计超常收益约为6%。这一异常收益值远大于美国、英国等国家研究得到的平均异常收益率。Hyderabad得出结论：印度的股票被低估程度更大，且公司内外部信息不对称更严重。

与美国相比，中国和印度多数关于"股票回购公告效应"的文献研究尚处于第二阶段，即实证研究阶段。学者们通过设定不同年代不同证券交易所为样本选择条件，基本证实了"市场对股票回购公告有正向反应"这一结论。然而,中印学者们对于两国股票回购公告的长期效应、受行业的影响以及反应趋势的研究甚少。

本章接下来的部分是研究设计,包括研究方法、研究对象的确定方法、研究模型的选择及基本研究假设的详细阐述。研究结果展示,中、印股票回购公告效应的比较分析。

三、研究方法、模型和研究样本

(一)研究方法

本章的主要研究方法为事件研究法。通过用股票的收益与用 β 值调整后的股指收益做差的方法,剔除事件窗期间除股票回购外影响股价变化的所有因素。一般来说,股票价格的波动可以给公司带来正向或负向的异常收益,本章将通过研究这些异常收益的变化,来判断股票价格是否会受股票回购公告这一事件的影响和如何受公告的影响。

首先要用变量控制法对实验中涉及的三个变量进行控制。

1. 事件日的选择

本章将以公司在证券交易所网站公告栏中发布第一次发布股票回购公告的时间作为事件日,并将这一时间点记为0。选择这一时点为事件日有两个原因。一个因为各个公司发布股票回购公告的次数不同,但不论公司进行多少次股票回购公告,其总有第一次。根据证监会要求,上市公司须在股东大会召开前3日,将董事会公告回购股份决议的前一个交易日及股东大会的股权登记日登记在册的前10名社会公众股股东的名称及持股数量、比例,在证券交易所网站上予以公布。印度要求所有公司在宣告股票回购后,在印度证券交易委员会

(SEBI) 网站上公布回购信息。因此，这次公告为公司第一次正式向市场传递公司将要进行股票回购的信息，选择此次公告为事件日，更为公平。除此之外，股票回购的第一次公告的格式更加规范，公告信息也较全，以此时间为事件日，便于信息的整理。特别要说明的是，若公司发布公告日当日为周末，则选取公告日后一周的周一为事件日。

2. 事件窗的选择

本章将以事件日前后 10 天为时间窗，记为 [-10, 10]。其中事件日前一天记为 -1，事件日当天记为 0，事件日后一天记为 1，以此类推。将事件日前一年至事件日前 10 天作为估计窗。事件窗的选取根据两个原则：一是事件窗内时间不宜过长，因为在过长的时间里容易发生其他事件，干扰股票回购公告这一事件；二是在事件窗的时间范围内足以反映事件的影响，即股票价格发生明显变化的始终和大致趋势都应在事件窗里被反映出来。根据之前学者研究经验，由于事件的影响往往有短期而显著的效果，21 天的事件窗足以看出事件的开始与变化趋势。

3. 重要时间段的选择

为了研究事件对股票价格的事件前影响、事件日影响、事件日后短期影响和事件日后长期影响，本章把研究重点放在以下几个时间段上：[-3, -1]，0，[1, 3]，[4, 10]。

（二）研究模型

本章选取的研究超常收益的模型是：

$$AR_{it} = R_{it} - \alpha_i - \beta_i R_{mt} \tag{5-1}$$

其中，AR_{it} 是股票 i 在 t 时点的超常收益，R_{it} 是股票 i 在 t 时点的

实际收益，α_i 和 β_i 是股票 i 的回归系数，R_{mt} 是投资组合在 t 时点的收益。在中国市场上，选取上证 180 指数和深证指数为标准投资组合。在印度市场上，选取 BSE SENSEX（代号：INDEXBOM：SENSEX）为标准投资组合。

N 种股票的平均超常收益值为：

$$AAR_{it} = 1/n \sum AR_{it} \qquad (5-2)$$

API 法是用累乘的方法对单股票的超常收益率进行合并。它与其他学者们（Fama 等）运用的 CAR 法的主要区别在于，CAR 法是用累加的方法对某股票的超常收益进行合并。运用 API 法主要有两个原因：一是由于本章的数据全部以百分比形式表示，考虑到人们持股习惯，假设股票在 0 时的价格为 40 元/股，一周后股价下跌 30%，又一周后股价上涨 30%，我们此时对股价的计算方法为 40×(1-30%)×(1+30%)，而不是 40×(1-30%+30%)。二是由于两种方法对持股方式做了不同的假设。CAR 法是假设每天持同样数量的股票，并在当天以开盘价买入，以收盘价卖出。而 API 法是假设"理性人"在任意时间点，认为股价处于相对低点的时候买入，股价处于相对高点的时候卖出。由于人们往往是在任意时点进行股票交易，并且持股时以环比方式计算盈利，本章选择用累乘的方法，即用 API 法计算股票的每日的收益。那么：

$$A_{it} = \left[\prod (1 + A_{i,t})\right] - 1 \qquad (5-3)$$

$$API_t = 1/n \sum \left[\prod (1 + A_{i,t}) - 1\right] \qquad (5-4)$$

（三）研究样本

初始样本为在 2008 年 1 月至 2012 年 12 月期间，在上海证券交易所、深圳证券交易所和印度证券交易所发布过股票回购公告的中国和印度公司，剔除在事件窗范围内股价信息不全的公司。通过此条件筛选后，有效样本总数中国 41 个，印度 35 个。

本章全部数据均来自上海证券交易所网站、印度证券交易所网站，海通大智慧数据库、新浪财经网站、同花顺及 google 财经。

（四）研究假设

按照价值低估假说，若公司管理者是理性的，就会在公司股票价值被低估时，回购股票，向市场传递积极的信号，因此，当回购公告发布时，市场会给出积极的反应。因此，提出假设 H5 - 1：

H5 - 1：股票回购公告的发布会给公司带来显著的正向的超常收益率。即股票回购公告是积极的信号，市场会对股票回购公告做出积极的反应。

作为新兴资本市场国，中国和印度的股票市场均具有较强的非有效性特征，表现为信息不对称较为严重，存在着信息泄露现象，因此，无论是积极或消极的公告，都会有提前释放的问题，因此，提出假设 H5 - 2：

H5 - 2：显著的异常收益出现在股票回购公告发出前，标志着股票市场存在一定的信息泄露问题，提前的时间越多，信息泄露越严重。

作为新兴资本市场国，中、印股票市场的"吸金"味道浓厚，因此会表现为"惜金"而少发或不发股利，股票回购的动机会有趋同性，即股利替代，或回避税收。因此，股票回购的累积超额收益会有加大，到一定程度后，会减缓释放。因此，提出假设 H5 - 3：

H5 - 3：股票回购的累积超常收益率随时间推移不断增大，且增大幅度呈递减趋势。

凡有条件回购股票的公司，应该具有相对充裕的自由现金流，或有能力筹措到现金，投资于自身的股票，是对公司未来有信心的表

现,以此,长期来看,应该对公司的长期业绩有所期待,因此,提出假设 H5-4:

H5-4:进行股票回购的公司长期业绩表现良好,公告日一年后股价有显著的正向超常收益。

基于竞争和战略的考虑,中印两国的行业整合的方向不尽一致,因为两国的产业战略布局差异化加大,产业竞争能力也不同,因此,股票回购的公告效应,应该表现出行业差异,因此,提出假设 H5-5:

H5-5:行业不同,股票回购公告的效应不同。

四、实证结果

(一)短期价值效应

1. 描述性统计

根据上述实验方法,得到在上海证券交易所和深圳证券交易所网站上发布股票回购公告的公司在事件窗内的平均超额收益和累积超额收益如图 5-1、图 5-2 所示,得到在印度 SEBI 网站上发布股票回购公告的公司在事件窗内的平均超额收益和累积超额收益如图 5-3、图 5-4 所示。

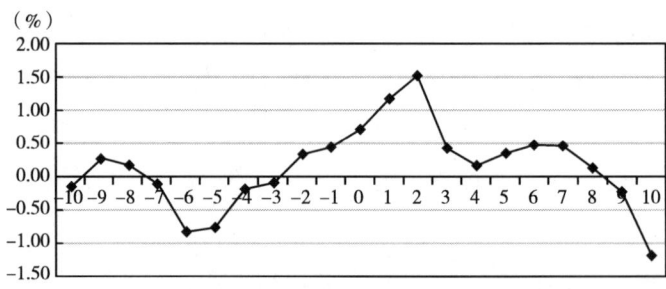

图 5.1　中国股票回购公司平均超常收益变动图

第五章 基于股票回购行为的相关研究

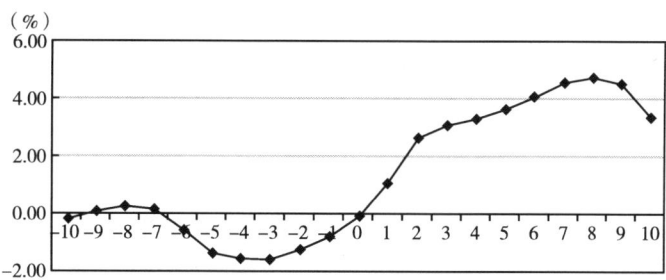

图 5.2 中国股票回购公司累积超常收益变动图

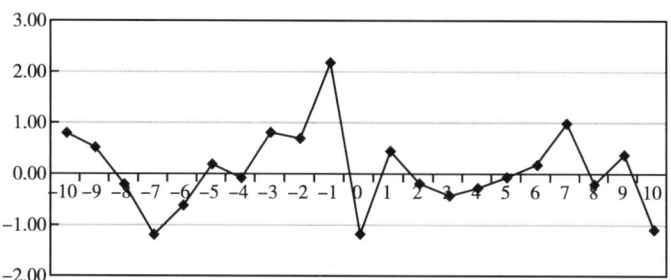

图 5.3 印度股票回购公司平均超常收益变动图

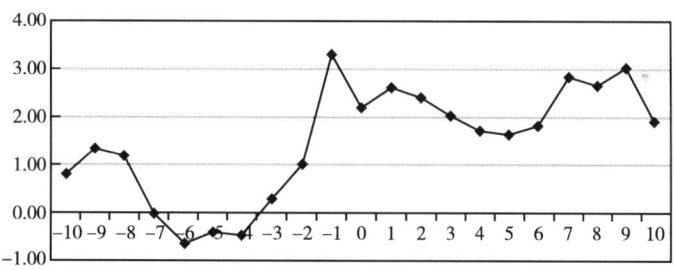

图 5.4 印度股票回购公司累计收益变动图

中国股票市场回购公告的反应结果：从图 5.1 中可以看出，从 -10 日至 -7 日，中国回购公司的平均超常收益（AAP）为正值，且幅度不超过 0.5%。从 -7 日至 -3 日，AAP 值为负值，且幅度不超过 -1%。说明在 [-10，-3] 这个事件窗内，AAP 在零点上下有小幅度波动，超额收益的效果不显著。-3 日起，AAP 值开始由负转正，且一直到第 8 日，AAP 都保持正向变化，说明股价在 [-3，8]

的事件窗内表现出显著的超额收益。在 [-3, 8] 的事件窗内,股价由 -3 日时几乎为 0 的平均超常收益率起保持正向反应,到第 2 日达到平均超常收益率的最大值,为 1.5%。之后再继续以递减的速度保持向正向反应至第 8 日。第 9 日时,AAP 又变为负值。

相应地,从图 5.2 中可以看出,中国回购公司的累计超常收益(API)在 -10 天至 -3 天之间变化趋势不明显,从 -3 天起,API 开始有显著的正向移动,且移动幅度较为平缓,直到 -8 天,达到累计超常收益最大值,为 4.79%,之后又小幅度的负向移动趋势。

印度股票市场回购公告的反应结果:从图 5.3 中可以看出,印度的 AAP 值在 [-10, -4] 的事件窗内围绕 0 收益率有小幅度的上下幅度,从 -3 日起表现出非常显著的正向异常超额收益。-1 日时达到 2.23% 的平均超常收益最大值,但从事件日起,AAP 值又开始围绕 0 收益率上下小幅度波动。

随着 AAP 的变动,从图 5.4 中可以看出,印度公司的累计超常收益 API 值在 -4 日之前为负向变化,-3 日起,API 呈现显著的正向反应,并在 -1 日时达到 3.29% 的最大值。公告日之后,API 值趋于平稳,收益率围绕 2.5% 的上下波动。

2. 假设检验

下面将对两国的超常收益率是否显著大于零进行检验。如果 API 的值显著大于零,说明股票回购公告效果显著,反之,说明效果不显著。在这里,我们采用 T 检验来检测超常收益的显著程度。

首先检验平均超常收益的显著水平:

设原假设 H_0 为:$API_t \leq 0$,备择假设 H_1 为:$API_t > 0$。

$$T = \overline{X}/(S\sqrt{n}) \qquad (5-5)$$

其中 $\overline{X}$ 为样本均值,S 为样本标准差,n 为样本容量。得到结果如表 5.1 所示。

第五章 基于股票回购行为的相关研究

表 5.1　　　　中国与印度公司累计超常收益率 T 值比较

API	95%的置信水平下，检验值=0时		
	累计超常收益率 T 值	累计超常收益率 p 值	P 值下限/上限
印度	2.67	0.01	0.00/0.01
中国	2.74	0.01	0.00/0.02

资料来源：新浪财经和 Google 财经。

假设检验结果表明在 95% 的置信水平下，即当 $\alpha=0.05$ 时，印度 API 的 $p=0.015<\alpha$，应拒绝原假设，接受备择假设，所以 $API_t>0$。同理得出中国的 $API_t>0$。这表示，中国和印度股票在事件窗内都表现出了显著的正向累计超常收益。结果支持 H5-1。

中国股票市场从 -2 日起开始长时间的 AAP 值大于 0，在 0 日时 API 值也突破 0 点并不断累积变大。印度股票市场从 -3 日起产生显著的超常收益率，并且累积超常收益率在 [-3,10] 天内一直大于零。说明假设 H5-2 中的产生显著正向的超常收益的时点在股票回购公告发出前对于两国股票市场都成立。

值得注意的是，中国市场在公告日前第 2 日出现了显著的超常收益，对于这一现象的解释如下：公司在股东大会上第一次向大股东宣告股票回购的消息，由于股东大会的召开时间往往在第一次公告日前 1~3 日，因此股东大会上信息的传递是公告日前出现超常收益的原因之一。那么引起公告日之前显著超常收益的原因可能是公司内部的股东们投机在公告日之前购买股票，造成股价上升，也可能是参加股东大会的股东将回购消息释放了出去，导致市场提前做出反应。

印度股票市场从 -3 日起就出现了正向的超常收益率，其累计超常收益率从第 -3 日起为正值，说明从 -3 日起，印度市场的正向超常收益率显著。由于印度证券交易所也规定公司于股东大会后 3 日内发布第一次股票回购的公告，两天的价值效应提前反应可以被认为是董事会后信息泄露，而印度市场在 -3 日时就出现超常收益说明很可能印度市场在股东大会前股票回购的信息已经被传递。这表明印度的股票回购信息泄露情况较为明显,支持了假设 H5-2。

为了更清晰地表现中国和印度上市公司的累积超常收益变化情况,表 5.2 和表 5.3 计算了中国和印度上市公司在事件窗范围下的累计超常收益率和平均超常收益率值。

表 5.2 中国公司累计超常收益率明细表 单位:%

小事件窗范围	累计超常收益率	事件窗内平均超常收益率
[-10, 0]	-0.03	0.00
[-9, 0]	0.13	0.01
[-8, 0]	-0.15	-0.02
[-7, 0]	-0.35	-0.04
[-6, 0]	-0.27	-0.04
[-5, 0]	0.56	0.09
[-4, 0]	1.32	0.26
[-3, 0]	1.49	0.37
[-2, 0]	1.56	0.52
[-1, 0]	1.21	0.61
0	0.75	0.75
[0, 1]	1.93	0.97
[0, 2]	3.47	1.16
[0, 3]	3.92	0.98
[0, 4]	4.11	0.82
[0, 5]	4.46	0.74
[0, 6]	4.95	0.71
[0, 7]	5.42	0.68
[0, 8]	5.56	0.62
[0, 9]	5.36	0.54
[0, 10]	4.19	0.38

资料来源:新浪财经。

第五章 基于股票回购行为的相关研究

表 5.3　　　　　印度公司累计超额收益率明细表　　　　单位：%

小事件窗范围	累积超常收益率	事件窗内平均超常收益率
[-10, 0]	5.68	0.52
[-9, 0]	4.87	0.49
[-8, 0]	3.91	0.43
[-7, 0]	3.16	0.39
[-6, 0]	2.92	0.42
[-5, 0]	2.71	0.45
[-4, 0]	1.82	0.36
[-3, 0]	1.31	0.33
[-2, 0]	0.68	0.23
[-1, 0]	0.19	0.09
0	-0.06	-0.06
[0, 1]	0.24	0.12
[0, 2]	0.09	0.03
[0, 3]	-0.47	-0.12
[0, 4]	-0.99	-0.20
[0, 5]	-1.16	-0.19
[0, 6]	-0.68	-0.10
[0, 7]	1.00	0.13
[0, 8]	2.36	0.26
[0, 9]	3.98	0.40
[0, 10]	3.95	0.36

资料来源：google 财经。

公司的累积超常收益变化趋势为先增后减，说明中国的累积超常收益率是先以递增的速度增加，然后到了某一点（公告日后第2日）后再以递减的速度增加。而印度的累计超常收益变化趋势与中国相反。印度的超常收益也是正向的收益，但是收益率先以递减的速度增加，然后到了某一点（公告日后第 5 天）后再以递增的趋势增加。

股票回购的累积超常收益率随时间推移不断增大，且增大幅度呈递减趋势与中国实证结果与假设 H5-3 相符，印度实证结果不符合假设 H5-3。中国市场出现这一现象可能是因为随着时间的推移，股票回购的公告效应慢慢被市场消化，市场对消息的反应逐渐降低，使超常收益率在一定时点后保持平稳。

（二）长期价值效应

同样根据事件研究法与 API 法，本章选取回购日一年后的当天为事件日，事件日前后 10 天为事件窗，对被回购的中国和印度公司一年后的超常收益值进行了描述性统计和假设检验。

根据图 5.5 和图 5.6 可以看出，中国和印度在 2008~2012 年里做过股票回购的上市公司，在一年后都产生了显著的累计超常收益。但中国上市公司的超常收益为 0.8%，而印度上市公司的累计超常收益高达 28%。根据这个数据，可以推断出印度回购过的上市公司的长期效益比中国上市公司的好。统计结果证明了假设 H5-4 成立。

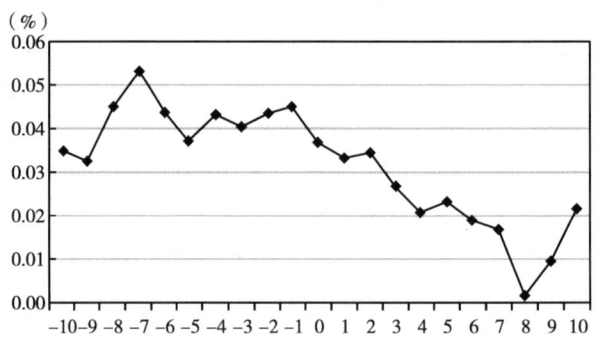

图 5.5　中国股票回购 1 年后累积超常收益图

第五章 基于股票回购行为的相关研究

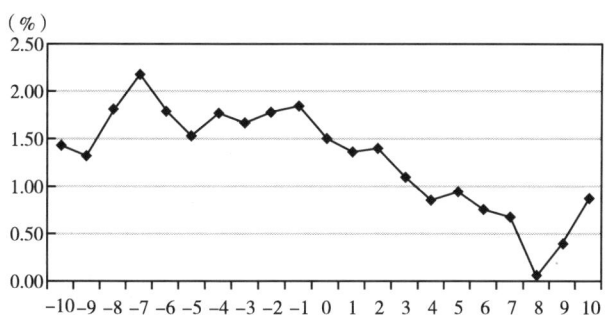

图 5.6 印度股票回购 1 年后累积超常收益图

五、差异分析

（一）行业对公告价值效应的影响

为了检验行业差异对公告价值效应的影响，将 41 家中国回购公司和 35 家印度回购公司进行行业分类，考察各个行业在 [0，10] 的时间区间里的累积超常收益，得出各行业在 2008~2012 年中平均的 [0，10] 累积超常收益平均值如表 5.4、表 5.5 所示。

表 5.4　　中国公司各行业 [0，10] 累计超常收益　　单位：%

行业类别	研究数量	占研究总数的百分比	[0，10] 累计超常收益
能源	8	19.51	−13.14
医药	9	21.95	−18.80
服装	2	4.88	96.17
电器	2	4.88	58.20
公共设施	6	14.63	3.33
机械制造	4	9.76	14.79
通信软件	2	4.88	125.24
运输	3	7.32	−21.01
化工	2	4.88	8.43
其他	3	7.32	31.56

资料来源：新浪财经。

表 5.5　印度公司各行业 [0，10] 累计超常收益　　单位：%

行业类别	研究数量	占研究总数的百分比	[0，10] 累计超常收益
制造	7	20.00	5.71
技术	11	31.43	-3.64
化工	4	11.43	2.71
材料	3	8.57	-6.67
公共设施	2	5.71	-9.41
媒体	1	2.86	13.40
金融	3	8.57	33.70
其他	4	11.43	19.60

资料来源：Google 财经。

表 5.4、表 5.5 结果显示，行业不同，累计超常收益值有很大区别。对于中国企业来说，通信软件、服装和电器的公告效应显著；能源、医药和运输行业的公告效应较为不显著。对于印度企业来说，金融和媒体行业的公告效应显著；技术、材料和公共设施行业的公告效应较为不显著，统计结果证明假设 H5 -5 成立。

（二）公告价值效应的变化趋势

前面着重讨论了 5 年内上市公司股票回购公告效应的平均值，以下将通过对 2008~2012 年，每年股票回购公告效应的比较研究，讨论各年的价值效应数值和价值效应的变化趋势。

中国公司股票回购公告带来的累积超常收益值由大到小按年份排序依次为：2010 年、2011 年、2012 年、2008 年和 2009 年。其中 2008~2012 年的累积超常收益值远远大于 2008 年和 2009 年的累计超常收益值。

印度公司股票回购公告带来的累计超常收益值由大到小按年份排

序依次为：2012 年、2011 年、2010 年、2009 年和 2008 年。其中 2012 年累计超常收益远大于其他四年。

我们从数据的趋势中可以发现，中国公司的股票回购公告效应有逐年降低的趋势，而印度公司的股票回购公告效应有逐年增长的趋势。

六、结论与解释

（一）结论

从短期效应看，中、印两国资本市场的股票回购公告效应都是积极的正向反应，其中，中国公司股票回购的公告效应更加显著。中国公司股票回购的累计超常收益最大值为 4.79%，而印度的累计超额收益最大值 3.29%；中国平均超常收益的连续持续时间大于印度平均超常收益的持续时间。印度市场对股票回购的提前反应比中国的更为明显。印度的正向超常收益率发生在公告日前第 3 日，而中国的正向超常收益率发生在公告日前第 2 日。

从远期效应看，中、印资本市场对股票回购信号都产生了正向的超常收益，但是印度公司回购股票的长期效益优于中国的。公告日 1 年后，印度公司的累计超常收益高达 27.35%，而中国公司的累计超常收益只有 0.67%。

两国股票回购的公告效应都因行业不同而有差异。其中，中国的通信软件、服装和电器的公告效应显著；能源、医药和运输行业的公告效应较为不显著。印度的金融和媒体行业的公告效应显著；技术、材料和公共设施行业的公告效应不显著。根据 2008~2012 年五年公告效应变化趋势分析，中国公司股票回购的公告效应的显著性将减弱，而印度公司股票回购的公告效应的显著性将趋强。

(二) 解释

本章将从两国的回购动机、政策演变两方面对两国资本市场股票回购公告效应的差异做出可能的解释：

首先，从回购动因上看，中国股票回购的主要动因是基于信号传递假说。多数公司进行股票回购的原因是向公众传递公司股价被低估的信息，希望通过传递这一信号让人们积极购买股票，从而提升公司股价。因此，在股票回购公告发布后，中国股票产生了连续长达11天的正向的超常收益。而印度学者研究表示，印度股票回购的主要动因不是信号传递假说，而是更多基于代理成本理论。在印度，因为公司采取股票回购的行动与公司分红对应的税收政策大致相同，所以从税收的角度考虑，公司可以采取两者中任意一种方式来激励股东，但是股票回购不是常规的经济活动，而股票分红却具有常规性，原则上有盈利，每年都应该进行，才能吸引股东，这样通过分红的方式来讨好股东的成本就大于股票回购相应的成本。所以印度公司进行股票回购更多的是基于代理成本因素。因此，短期来看，它的股票回购公告效应的稳定性就没有中国的好，超常收益的波动较大。但长期来看，以改善公司治理为动机的印度公司的股票回购发挥了股票回购的战略性工具作用，其长期超额收益效应和显著性趋势都要优于中国。

其次，从回购政策演变角度看，中国在1992年进行了第一起股票回购案例，在2006年开始规范股票回购制度，2008年放宽了股票回购条件。1998年之前，印度公司法明确规定，上市公司不允许进行股票回购。印度的股票回购开始于1998年，晚于我国。两国作为新兴的资本市场国家，股票回购的历史都比较短，股票回购制度还不够完善，因此都在公告日之前股票就已经出现超常收益，说明有信息泄露问题。相比之下，我国在公告日前回购的消息泄露情况没有印度严重，短期内，股票回购的公告效应走势较为平稳，人们对股票回购公告的反应也较为理性，体现了中国资本市场监管的效果。

本章的研究，支持了股票回购公告产生积极效应的结论，但是在长期效应反映上却弱于印度资本市场，主要原因是中国上市公司在管理层激励、现金股利分配等改善公司治理结构和环境的改革与探索进程过于缓慢，使股票回购的战略工具作用发挥的不明显。

对如何杜绝信息泄露现象，保护中小散户利益方面，监管部门应提高对信息披露规范性的要求，上市公司应该强化信息披露的责任，将回购目的、回购数量和回购方式真实准确地报告出来。股票回购的公告栏应进行合理整合，使公众能顺利地找到所有公告信息、了解回购的进程。

主题二："回购+动态考核"限制性股票激励契约模式研究——基于昆明制药股权激励方案的讨论

探索长效激励机制的合理适用性，对完善法人治理结构、公平利益分配、提升企业价值有重要的理论和现实意义。本章基于契约结构理论，构建了以关键契约要素的选取与科学设计为前提的股权激励契约的合理性框架。结合昆明制药限制性股票激励方案，从股权激励契约结构的内生性出发，解析股权激励契约的合理适用性，提炼了"回购+动态考核"的关键内核。并从回购股票的市场效应、算数效应和实施激励计划后的业绩表现三方面验证了其方案的有效性，对探究股权激励的作用机理做了有益的尝试。

一、引　言

2005年后，伴随着我国股权分置改革的进程，股权激励在我国上市公司中逐渐兴起。2009年，我国政府出台《关于股票增值权所得和限制性股票所得征收个人所得税有关问题的通知》，标志着我国股权激励在政策层面进入了成熟期。截至2013年7月，据wind数据库统计，已有150余家上市公司实施了股权激励计划，但是在2010~2013年，因管理层辞职、业绩不达标等原因被动回购股票的公司高达55家，占同期回购股票家数的63.2%。可见，上市公司不能合理选择激励模式和科学合理设计契约要素，制约着我国股权激励的发展，影响着股权激励长效机制作用的发挥。特别是2007年金融危机的爆发，证明了若激励契约设计的不合理或缺少应有的制约条件，股权激励就可能被异化，甚至会产生新的代理问题。所以审视和探索适合我国股权激励契约的合理适用性，有着重要的现实性和紧迫性。

国外对股权激励问题的研究已近四十年，形成了诸多代表性的理论，我国上市公司股权分置改革以来，学者们在相关问题上的研究也颇有成效，获得了不少有价值的研究成果（周建波和孙菊生，2003）。

利益趋同假说（Jensen and Meckling，1976）和壕沟效应假说（Fama and Jensen，1983）是外生视角下股权激励理论的代表。它们主要研究公司股权激励对公司绩效（价值）产生的实证结果，因为忽视了公司特质、行业特点、地缘文化等诸多微观和宏观因素的影响，所以研究结论无法统一。

近十年来，学者们开始重视股权激励契约的内生问题。Stephen（2008）认为，在决定经营者薪酬激励有效性方面，激励契约结构是比激励力度更为重要的因素。刘浩和孙铮（2009）指出，将股权激励直接与绩效挂钩是不够的，缺乏合理有效的理论解释，需要从微观层面深入分析。徐宁（2011）认为，在既定规则约束下，选择契约要素，构建合理的契约结构，才是上市公司股权激励方案设计的核心。将治理结构作为链接激励要素与公司业绩的调节变量的研究取得进展（徐宁和徐向艺，2010；吴育辉和吴世农，2010；丁保利等，2012）。吕长江等（2009）通过案例研究，发现公司股权激励变"福利"，产生新的代理问题。

但对于股权激励契约因素的作用机理的研究还不够，仍需典型、系统的理论分析与检验。

本章将以昆明制药首期股票激励方案为例，从股权激励契约结构的内生性出发，深入剖析股权激励契约模式的合理适用性及有效性，为探究股权激励要素的作用机理做贡献。

二、理论命题

所谓"南橘北枳"，国外的激励契约结构观很难直接指导我国企业的实践。因此需要结合我国的现实状况，进行改革与创新，深入剖析股权激励契约的本质特征，并结合在我国公司制度环境中关键契约要素，构建适用于我国上市公司股权激励契约模式。

（一）基于契约结构视角的股权激励契约观

选择股权激励契约要素作为研究对象，是股权激励契约观的核心内容。那种缺乏科学合理的设计和控制的激励方案，往往使经营者有机会损害股东及其他相关者的利益，把股权激励制度变成其寻求私利的工具，把激励变福利，因此，本章提出股权激励契约合理适用性命题。

命题 5-1：合理适用的股权激励契约应该能体现四个方面的特性，即异质性、协调性、持续性和制约性（见图 5.7）。其中，异质性是前提，协调性和制约性是保障，持续性是结果。

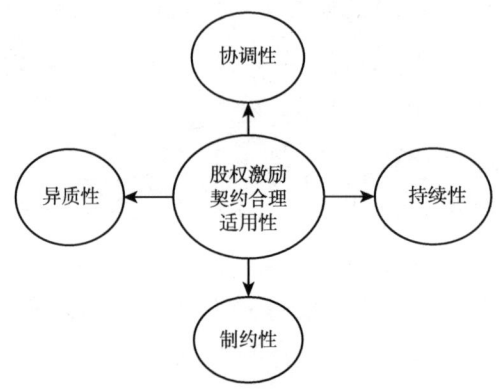

图 5.7　股权激励契约合理适用性特征

异质性是前提。异质性是指实施股权激励计划的公司所具有的特性，具体包括所属行业特性、治理结构、公司规模、发展周期等方面。每个公司都是一个特殊的生命体，只有了解公司个性，才能选择和制定好合适的激励契约。异质性是选择股权激励模式的前提。不同发展特点的公司，应该选择适合自身的激励模式，否则很难发挥激励效果。

协调性和制约性是保障特性。其中，协调性就是兼顾效率与公平性。民营企业产权相对清晰，实施股权激励契约的制度障碍相对小，协调性相对容易把控。但是国有控股或某些处于政策垄断下的公司实施股权激励方案时，可能会因激励对象选择的范围和激励的力度的不合理、不适合，而造成财富分配不公，甚至可能会引发社会问题，所以非常需要理论探讨和制度创新。制约性是指通过设置多重绩效指标（标准）来约束经营者的行为，避免经营者利用市场的非完全有效性和企业内控制度的不完善，通过制约失效的激励方案逐利。同时，评价协调性和制约性的质量是以股权激励目标的实现为标准,不能矫枉过正,失去激励的意义。

持续性是股权激励契约的结果特性。一个长期可以坚持实施的股权激励方案是长效机制合理有效的体现,发挥了长效激励的作用,弥补了基本薪资、福利等各类激励方式在长期激励性方面的缺陷,将员工利益与企业长远利益结合在一起,就能促进企业可持续发展。

(二) 股权激励契约关键要素的选择与设计

股权激励契约的合理适用性是通过激励契约要素的选择来体现的,激励要素的选择是保证科学合理设计激励方案的前提。

命题 5-2:以股权激励契约结构的合理适用性为理念,以选择股权激励契约的关键要素为前提,通过动态、多角度设计,保证股权激励契约的有效性。

图 5.8 是基于股权激励契约结构合理适用性的要素构成及关系图。股权激励契约首先要定式,它体现了期望激励效应的异质性,公

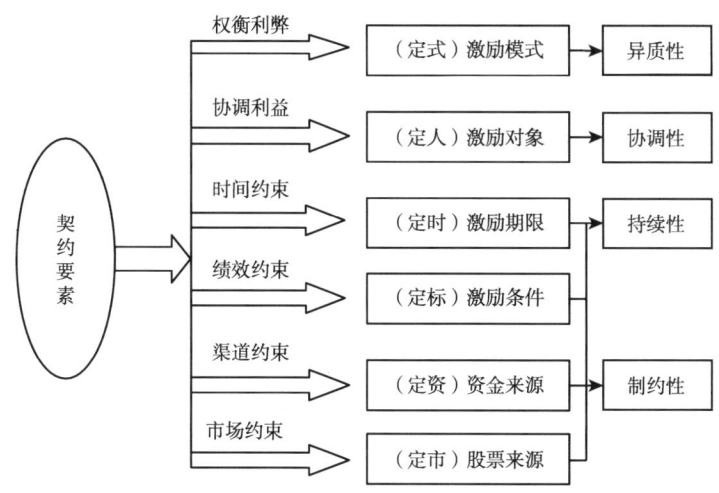

图 5.8 股权激励契约关键要素构成关系

司应在权衡利弊后,选择合适的激励模式,目前我国主要的两种激励模式为股权激励和限制性股票两种。一般成长性较为明显的企业应该选择限制性股票激励模式。其次要定人,主要体现期望激励效应的协调性,选择合适的激励对象对平衡利益关系很重要,多数激励契约选择高管和业务骨干等(不包括独立董事和监事)。最后是制约性契约要素的确定,包括定时、定标、定资和定市。其中,时间约束主要为了发挥股权激励的长效机制作用,保持契约的持续性,完整的激励计划周期在3~10年。绩效、渠道和市场约束要充分考虑公司的发展周期、市值管理能力和不可控因素对计划的干扰。

三、回购式动态考核限制性股票激励案例描述

昆明制药股份有限公司(以下简称"昆药")作为云南省一家国有的,成立20世纪50年代初的老牌医药企业,享有国家重点高新技术企业和中国医药工业50强的美誉。2000年年底在上交易所挂牌交易,其生产的某种药剂保持着我国单一药物制剂出口第一的纪录。

2006年2月,该公司正式启动股权分置改革。3月上旬顺利通过股权分置改革方案。截至2009年3月23日,公司所有限售股均可上市流通。

在完成股权分置方案后,该公司开始酝酿股权激励方案。2009年10月,公司董事会审议通过《昆药集团股份有限公司限制性股票激励计划(草案)》。经过近一年的讨论完善,2010年9月,公司股东大会审议通过了《昆药集团股份有限公司限制性股票激励计划(修订版)》,并获得中国证监会无异议信函。

顺利启动股权激励计划后,由于该计划采纳的是在公开市场回购股票作为激励股票来源的方案,而不是通常的定向增发方案,所以控

制流程较复杂，信息披露环节多，公司董事会在 2011 年 4 月至 6 月间，先后审议通过了《首期股权激励计划实施的议案和公司股份回购的议案》《关于回购股份授予明细的议案》《关于确定公司股权激励计划所涉限制性股票授予日的议案》三个议案。重要契约内容归纳如表 5.6 所示。

表 5.6 昆明制药股权激励契约的主要内容

主要契约要素	内容
激励模式	"回购+动态考核"的限制性股票激励模式（以下简称"回购激励模式"）
激励对象	专职董事长，总裁班子
激励期限	3 年，第 1 期（2010～2012 年）
激励条件	条件 1：公司各考核年度经审计的主营业务净利润，达到基本触发基数（含本数）；超过部分，再按每 500 万元为单位区间，设定分段累进制奖励提取比例进行提取。 条件 2：公司各考核年度经审计的工业毛利率，达到基本触发基数
资金来源	购股资金来源于公司和个人等额筹集；设计了期望股价*作为各授予年度实际股权激励基金提取的调整指标
股票来源	公司在业绩指标达标和激励对象考核合格的前提下，在公司股权激励额度和激励对象自筹资金额度内，从二级市场购买公司 A 股股票，授予激励对象

资料来源：《2010～2012 年昆明制药限制性股票激励计划》。

注：*期望股价：昆明制药的限制性股票激励计划中，加入了基本期望股价和期望市盈率的概念。基于各考核年度基本期望每股收益及各考核年度基本期望市盈率计算的各考核年度基本期望股价（年均价），并以此作为各授予年度实际股权激励基金提取的调整指标。而基本期望市盈率则是参照医药行业平均市盈率和医药行业代表性上市公司平均市盈率水平确定的。

这也是后面重点分析的内容，即昆药为何在激励股票来源上弃简从繁。截至 2013 年，昆明制药第一期股权激励计划（2010～2012 年）已顺利实施完成，第 2 期激励计划（2013～2015 年）已经公布，并正在实施中。

四、回购激励模式的合理适用性分析

回购式限制性股票激励要素与一般式限制性股票激励要素相比的区别点主要体现在股票来源、授予数量、授予价格、授予条件、触发条件和购股基金等六个方面（见表5.7）。

表5.7　回购式限制性股票要素与一般式限制性股票激励要素的区别

区别点	限制性股票激励计划——回购式	限制性股票激励计划——一般式
股票来源	二级市场公开回购（动态）	向激励对象定向增发（静态）
授予数量	按照购股基金与期望股价计算得出，数额不确定；（动态）	事前固定，且在激励计划中明确说明；（静态）
授予价格	在购股期内，以购股基金从二级市场回购限制性股票的价格与从二级市场实际回购限制性股票的平均价格之孰高者，即授予价格不确定；（动态）	授予价格事前固定，通常为激励计划首次公告前N个交易日内，股票均价的50%，且在激励计划中明确说明；（静态）
授予条件	激励对象只有在满足公司各考核年度股权激励基金的提取条件时，才能获得计划当期限制性股票，激励基金的提取条件与业绩挂钩；（动态）	一般激励计划的授予条件不受业绩的束缚；（静态）
触发条件	关注公司业绩的成长性和质量，并动态挂钩于回购基金提取额；（动态）	触发条件单一，达标即可；（静态）
购股基金	购股资金来源于公司和个人等额筹集；提取基金的提取规则为：设定分段累进制奖励提取比例提取。（动态）	事前固定，且在激励计划中明确说明；（静态）

通过比较发现，回购激励模式在设计环节的各方面，注意贯彻公开信息和动态考核的理念，在异质性、协调性、制约性和持续性四方面体现出股权激励契约的合理适用性。

第一，基于该公司成长性强的特质，选择了限制性股票激励模式；第二，选择3年期作为一个完整的考核期，保证了长效激励机制的可持续性；第三，在协调性方面，激励对象主要为高管，没有涉及公司的业务骨干，这在公平性方面可能会存在一定问题，但考虑到医药行业的特点，激励高管会更加有效，兼顾了效率与公平性，同时，限制性股票还需出资购买，先从高管做起，也是出于激励计划稳健实施的考虑；第四，在制约性方面，昆明制药股权激励方案，从股票来源、授予数量、授予价格、授予条件、触发条件和购股基金等六个方面都体现了会计指标和市场价值指标双重考虑的动态设计理念，尤其在股票来源和购股基金提取规则的设计上体现出特色。

股权激励计划中的购股资金来源于公司和个人等额筹集。资金筹集的控制指标有两个，即各考核年度的经审计的主营业务净利润和工业毛利率，前者达到基本触发基数（含本数）后，超过部分再按一定单位区间，设定分段累进制奖励提取比例并提取。后者达到基本触发基数。若出现授予年度授予价格＞考核年度期望股价，则授予年度购股基金需补提；若授予年度授予价格＜考核年度期望股价，则授予年度购股基金减提。

期望股价的设计可以提高公司市值的质量。首先，期望股价作为股数计算分母影响期望激励股数。期望股价制定得越高，在不进行购股基金调整的条件下授予的激励股数就越少。如果激励对象希望得到期望激励股数，则需努力增加购股基金的提取数额。其次，购股基金的提取数额与授予价格密切相关。授予价格由各授予年度董事会确定，遵循孰高原则。在购股期内，以购股基金从公开市场回购股票的价格与公开市场实际回购股票的平均价格之孰高者而定。可见，只有当公司股价比期望股价高时，购股基金才可以补提。实际上，昆明制药激励股票的授予价格方法借鉴了股票期权的授予价格方法。在限制性股票各授予年度每次授予前，选取以下几种：（1）董事会公告前一个交易日的公司股票收盘价。（2）董事会公告前30个交易日内的公司股票平均收盘价。（3）购股期内以购股基金从公开市场实际回购股票的平均价格。授予价格遵循孰高原则。很明显，激励计划将公司的股价也纳入管理层的考核体系内,目的是鼓励管理层在注重公司账面价值表现的同时也要注重资本市场的表现,它是一个基于账面价值和市场价值双重考虑的动态考核模式。

同时,期望股价有封顶指标和保底指标设计。封顶指标的设计,是应对授予价格(即实际回购价格)的上涨并不是由于经营业绩的提升,而是由于证券市场的波动所导致的情况,显然股东不应该为这样的股价提升而"买单",因此通过设置1.5倍的上限,可以保护股东,尤其是中小股东的利益。而保底指标的设计,则保护了管理层的利益。因为进行减提购股基金时,减提的数额由公司和激励对象各自等额减提,如果不设计0.75倍的下限,不排除股价的下降是由于证券市场大环境的变化而非管理层经营不善导致,那么巨额的减提会造成管理层利益的受损。此设计理念,体现出回购激励模式对股东和管理层的公平性。

五、回购激励模式的有效性验证

前述可知,昆药股权激励契约的合理适用性体现在要素的选择上,为股权激励计划的实施提供了合理的前提。那么,2010~2012年的第1个激励周期的实施效果如何?本章将从回购激励股票的市场反应和动态业绩评价的价值表现两方面加以验证。

(一)公开市场回购激励股票的市场效应

国内对于股票回购的市场反应研究方面,梁丽珍(2006)年研究了中国市场36个回购事件,发现回购公告发布后,回购社会公众股市场出现负超额收益率,定向回购出现正超额收益率。谭劲松和陈颖(2007)选取中国市场1994~2000年5次回购作为案例,分析表明 5 家中有 4 家公司在回购公告事件期内股价都出现上涨，且有 4 家公司的股票累计超额收益率在公告发布前几日已达到最高值。黄虹等（2007）运用事件法研究了中国市场 2002~2006 年宣告股票回购的公司，研究发现回购公告可以提高股价，市场认为管理者通过回购行为向市场传递了正面信息。柯爱娜（2009）以我国 2005~2008 年宣告股票回购的上市公司为样本，利用多元回归法进行研究，发现我国投资者对回购公告的反应是积极的。李斌、戴夫和卢蒋运（2010）基于异常绩效指标 API 对上市公司股票回购的公告效应做分析，研究发现我国上市公司股票回购对股价有正向影响。综上所述，国内关于股票回购的市场反应为一致性正向效应。

为了检验案例公司激励股票的回购是否向市场传递了积极的信号，本章用事件法来检验。

1. 事件日和窗口期的选择

选取《昆明制药股权激励计划当期购买股份开市公告》披露的日期，即 2011 年 5 月 3 日（准确的披露时间是 4 月 30 日，但是 2011 年 4 月 30 日为法定假日，未开市），然后选取其前五天和后五天作为事件窗口期，Windows = [-5, 5]，观察对于回购信息的短期反应。

2. 正常报酬率的确定

采用市场模型来衡量股票的正常报酬率。股票报酬的市场模型为：

$$R_t = \alpha + \beta RM_t + \varepsilon_t \tag{5-6}$$

其中，R_t 为股票在 t 日的收益率，RM 为 t 日的市场收益率，β 为股票的系统风险，ε 为随机误差项。

为了估计相对准确的 β 系数，选取 [-85, -6] 为计算贝塔值的窗口期，[-1, 3]，[-1, 4] 为检验窗口，得到的方程：

$$R_t = -0.0013 + 1.0423 RM \tag{5-7}$$

计算的超额收益（AR）和累计超额收益（CAR），见表5.8。

表5.8　2011年回购事件窗口 [-5, 5] 的 AR 和 CAR

t	Rt	Rmt	ARt	AR	CAR
-5	-0.0237	-0.0155	-0.0205	-0.0033	-0.0033
-4	-0.0141	-0.0089	-0.0123	-0.0018	-0.0050
-3	-0.0191	-0.0044	-0.0068	-0.0123	-0.0173
-2	-0.0300	-0.0134	-0.0179	-0.0121	-0.0294
-1	0.0309	0.0086	0.0092	0.0217*	-0.0077
0	0.0049	0.0071	0.0073	-0.0024*	-0.0101
1	-0.0056	-0.0229	-0.0295	0.0239*	0.0139
2	0.0016	0.0023	0.0014	0.0002*	0.0140
3	0.0235	-0.0031	-0.0052	0.0287*	0.0428
4	0.0095	0.0030	0.0023	0.0072*	0.0500
5	-0.0055	0.0065	0.0066	-0.0121	0.0379

注：*表示10%的水平显著。

在事件日的后五天窗口期内，尽管每日超额收益率有起伏波动，但累计超额收益率均大于零，2011年在回购信息披露后的第四天达到最大值约5%，为了验证结果的稳健性，做了T值检验，2011年的时间窗口 [-1, 3] 期间，$T=2.234$，$p=0.089$，在10%的水平显著异于零。[-1, 4] 期间的 AR 与0的差异，$T=2.446$，$p=0.0582$，在10%的水平显著异于零。昆明制药在二级市场上进行的股票回购是其限制性股票激励计划的一部分，只有在业绩达标的前提下才有必要进行股票回购，这无疑是公司发展势头良好、前景广阔的信号。

（二）公开市场股票回购的算数效应分析

回购激励股票的限售期，可以缓解对公司未来股价的影响。因为每期授予的激励股票和实际发生回购之间有1年的锁定期，当锁定期满时，如果公司业绩不达标，则无须进行股票回购，这一点与一般的限制性股票激励计划是一致的；但是，如果公司业绩达标，则公司需要进行股票回购，那么被激励对象只能按照60%的比例进行股票解锁。公司进行第二次股票回购的数量，无论是大于、等于或小于第一次股票回购数量的60%，对于公司股价的冲击都要小于一般的激励模式。这是因为一般激励模式采取定向增发的股票作为限售股，解禁之后本质是扩大了公司流通股股数，但回购模式这种缓冲机制的设计为公司未来股价的稳定提供了制度保障。回购模式的算数效应见表5.9。

表5.9　　　　　　　　回购模式的算数效应

回购股数	影响股本数	影响股价
第二次回购数>60%第一次回购数	缩小股数	减少影响
第二次回购数=60%第一次回购数	维持不变	
第二次回购数<60%第一次回购数	减缓流通股增加	

（三）分段累进制动态考核的激励效果

回购激励模式的最大特点之一，是分段累进制动态考核的设计。只有管理层的经营业绩达到事前设定的业绩标准时，才能提取购股基金进行股票回购。超过基本触发基数（含本数）以上的部分，再按每500万元为单位区间，设定分段累进制奖励提取比例。业绩超过的越多，所提取的购股基金就越多，激励对象收益就越多。按照激励计划中的标准，本章计算了案例公司2011年和2012年提取的购股基金（见表5.10）。

表5.10　　　　2011年和2012年提取的购股基金试算表

考核年度	主营业务净利润（万元）	提取金额（万元）
2010	11121.25	300.0
2011	16318.90	362.5

资料来源：《2010~2012昆明制药限制性股票激励计划》。

为了验证回购激励模式对公司业绩的提升作用，依据 Wind 数据库，做了 2008~2012 年度的财务对比分析，如表 5.11 所示。

表 5.11　　昆明制药 2008~2012 年主要财务指标

年度		基本EPS（元）	EBS（元）	ROE	基本EPS增长率（%）	营业利润增长率（%）	应收账款增长率（%）	存货周转率（次）	流动比率	产权比率
2012	公司	0.58	2.99	20.94	39.67	36.14	10.06	4.16	1.45	116.66
	行业	0.42	3.88	9.14	(2.60)	10.57	7.61	2.79	2.27	47.53
2011	公司	0.41	2.6	17.01	52.06	46.74	8.82	4.77	1.65	87.07
	行业	0.44	3.76	12.35	(2.21)	14.13	7.84	3.07	2.31	37.36
2010	公司	0.27	2.34	12.24	46.77	49.08	7.74	4.08	1.7	81.04
	行业	0.48	3.32	14.43	9.86	26.31	7.78	3.29	2.07	49.53
2009	公司	0.19	2.12	9.17	81.60	93.51	6.66	3.71	1.72	75.97
	行业	0.50	3.05	17.30	31.83	37.51	7.44	3.16	1.7	66.84
2008	公司	0.10	1.93	5.44	10.49	23.99	5.87	3.75	1.51	80.20
	行业	0.36	3.05	14.68	4.08	37.51	7.44	3.32	1.39	72.48

注：数据来源于 Wind 数据库。

案例公司 2010 年 6 月实施股权激励计划，在实施前 2 年，昆明制药的基本 EPS、EBS、ROE 等反映盈利能力的指标均低于行业平均水平、反映管理效率的应收账款周转率也低于行业平均水平，负债程度高于行业平均水平，企业总风险高于行业平均水平。案例公司根据自身存货管理水平较高和成长性显著的特点，实施了别具特色、符合公司发展周期的回购式激励模式，在实施管理层股权激励计划的后二年，基本 EPS、ROE 等反映盈利能力的指标均显著高于行业平均水平，成长性更加突出，管理效率也继续高于行业均值，确实发挥了对管理层的激励作用，提升了企业价值。

六、结论与启示

为探索我国上市公司股权激励契约模式的合理性和有效性，本章基于契约结构理论提出命题，即只有激励模式符合公司实现预期效应所应具备的特性，精心选择和设计激励要素，控制好激励和约束环节和标准，才能对激励对象能起到长期激励的效果，改善公司治理结构和促进企业价值提升。

结合理论命题，对昆明制药"回购+动态考核"的限制性股票激励模式的合理性，从选择股权激励契约关键要素入手，阐述激励契约是如何结合公司的特性（高成长、精英治理、3年期限和关注市场表现）而设计的，为后续激励计划的成功实施奠定了合理的制度基础，并从回购股票的市场效应、算数效应和业绩表现三个方面验证了该管理层激励计划的有效性。得到公开市场的股票回购向市场传递了积极的信号，动态的业绩考核，保证了激励作用的持续性，公司业绩趋好，提升了企业价值等重要结论。

通过典型案例研究，获得如下启示：

启示1：注重激励模式的创新。一方面，传统观点认为，限制性股票激励计划的本质，是弱化委托人和代理人之间的矛盾，实现股东价值的最大化。事实上，限制性股票激励计划的实施本身就是对管理层的业绩和公司未来发展前景的肯定。如果公司的激励模式中可以融入这种积极的信号，并巧妙地传递给市场投资者，那么激励模式对公司治理的作用将被延续到"后激励"阶段。本章案例公司通过公开市场的股票回购这一行为，将公司乐观的情绪传给市场，并获得了市场正面的回应。另一方面，激励模式的创新也体现在如何激发管理层努力工作的动力的创新。激励计划不应该成为管理层眼中必须达到的数字，而应该成为管理层追求更高业绩的动力源。成功的激励计划会使管理者对公司的未来更有信心，愿意分享成功也勇于承担风险。

  启示2：公司股权激励方案是对管理者的奖励，但是任何物质的刺激都会伴随产生道德风险。公司应该借激励计划的契机，完善其内部的风险控制制度，规范其公司治理的流程机制。办法的规范不仅配合了当期激励计划的实施，长远来看是为公司未来的发展提供了制度保障。本案例公司在2011年9月共推出12份内部控制管理办法，重点在于对公司管理层的激励约束。一项激励计划的成功不仅体现在其对公司业绩的刺激，更在于其对公司治理各方面的促进作用，完善的制度基础是公司治理高效和长久发展的前提和基石。

主题三：不良回购动机的市场识别检验：复牌借口假说——以2015年中国上市公司股票回购为例

  我国证券市场在2015年发生剧烈震荡，为稳定股价，40余家公司掀起了一轮股票回购潮。为了检验市场对不良动机的回购是否有识别度，本文提出复牌借口假说，并运用事件研究法和异常绩效指标（API）研究2015年我国股票回购公告的市场效应。结果表明，我国A股2015年首次发布回购公告的存在较弱的正向日均超常收益率（AAP）和累计超常收益率（API），但t值检验并不显著。待区分是否发生停牌回购的情况后发现，两类样本存在明显分化，其中，宣告回购的停牌公司的股价下跌幅度明显偏高，且在复牌后还存在补跌现象，复牌借口假说成立。

第五章　基于股票回购行为的相关研究

一、引　言

股票回购起于美国资本市场，20世纪80年代开始被广泛运用于成熟的资本市场，随着实践活动的增多，关于回购动机假说的理论研究，也逐渐丰富起来，但至今关于其动机和经济后果的利弊众说纷纭。股票回购在我国仍处于初级阶段，1992年至今，总共200余起股票回购事件。其中，2005年证监会出台了《上市公司回购社会公众股份管理办法（试行）》[①] 标志着我国证券市场开始出现流通股回购。股票回购趋势表现出市场化和多元化的特点。2008年，《关于上市公司以集中竞价交易方式回购股份的补充规定》[②] 开始实施，放宽了股票回购的政策性限制。这一做法使我国股票回购的政策环境得以大大完善，同时也有利于我国证券市场推进股票回购，对我国的股票回购的发展有着深远的意义。根据国内外相关文献的研究，表5.12列举其中有代表性的观点。

表5.12　　　　　　　国内外股票回购动机的对比

股票回购动机	国外	财务灵活性假说
		并购假说
		转移公司财富
		管理层激励假说
	国内外共有	股价低估假说/信号传递假说
		最优资本结构假说/财务杠杆假设
		自由现金流量假说/超额资金假说

---

① 《上市公司回购社会公众股份管理办法（试行）》，证监发〔2005〕51号，2005.6.16

② 《关于上市公司以集中竞价交易方式回购股份的补充规定》，证监发〔2008〕39号，2008.10.9

续表

股票回购动机	国内	国有股减持
		配合股权分置改革
		股权激励计划

然而,2015年中国股市上演了一场惊心动魄的股价大战,经历了牛市高峰过后便"跳崖"式的崩盘。根据锐思数据库,2015年查得有41家上市公司发布股票回购公告,该次股票回购潮的数量较集中,在中国股市特色回购动机发展历史上应该是第四次。第一次,发生在1992~2004年的国有股减持回购潮;第二次,发生在2005~2009年的股权分制改革回购潮;第三次,发生在2010~2014年的股权激励计划失败所导致的被动性股票回购潮;而第四次的2015年股票回购潮是一剂"止跌良药",还只是"复牌借口"呢,还需要进一步考证。

基于目前我国资本市场仍处于弱有效阶段,检验市场是否对不良的股票回购动机是正确的识别度,对完善和丰富股票回购的动机理论,检验市场的有效性有理论意义,同时对如何完善股票回购的监管制度和公司治理制度有参考价值。

据锐思数据库,2015年1月1日至2015年11月8日,A股市场共发生了41起股票回购事件,其中,交大昂立从2015年8月3日至2015年12月25日期间实施停牌,无法获取事件日发生后十天的数据,因而排除。所以有效样本数为40个,采用事件研究法和异常绩效指标(API)展开研究。

后续结构安排是在相关文献综述基础上,针对2015年的股票回购事件提出复牌借口假说,并运用事件研究法检验我国股票市场对不良回购动机的识别度。

二、文献回顾与研究假设

(一) 股票回购动机理论

在股票回购研究中，除了对首次公告日的市场效应研究以外，回购动机也受到学者们的关注，成为研究的基本立足点。目前国外已具有成熟的动机理论，在国内的相关文献中，徐明圣和刘丽巍（2003）基于我国特殊的市场背景下，发现信号传递假说、财务杠杆假说在我国回购案例中也适用。李栋一（2007）通过分析52家样本公司的回购公告后，发现我国回购公告中不仅有信号传递假说、财务杠杆假说、自由现金流量假说的回购动机，也有优化股权结构、配合股权分置改革的中国特色动机。黄虹和刘佳（2007）在信号传递假说的基础上，对1994~2006年发生的回购案件进行研究，并划分了减持国有股，优化公司的股本结构、作为股权分置改革的手段、提升公司价值、配合股权激励计划四种动机，并发现以减持国有股或者股权分置改革为目的的市场反应比以提升股价或者股票激励为目的的更为积极。在股价低估方面，汪启涛和王丽娟（2011）发现了上市公司通过实施股票回购可以增加自身价值，股价被低估程度越大导致公告的市场效应越显著。

因此，我国股票回购案例不仅包含国外学者提出的动机理论，也有自身特色的回购动机。

根据2015年的回购公告，本次回购动机有以下两种：（1）证券市场出现非理性下跌，股票的投资价值被低估。（2）为了提高员工的凝聚力和公司竞争力，实施公司员工持股计划，作为股权激励。因此，涉及的动机理论主要有以下两种：

1. 股价低估假说

股价低估假说又称为信号传递假说，当公司的高层管理人员认为该公司的股票市价过低，或者预期该股未来能实现水准之上的盈利时，公司便会通过实施股票回购来修复股价。通常在公告日当天股价会上涨，市场给出积极反应，从而提升公司的市场价值。Comment 和 Jarrell（1991）指出，当公司管理层发现股价被低估时，他们就会进行回购股票，而且数据表明股票回购的比例越高，公告日后的超常收益率越高。国外学者 Dann（1981）提出，在他看来促使股票回购的主要因素是信号传递。除此以外，Barv 等（2005）的研究表明，各公司在不同时期会出于多种目的进行股票回购，其中占主导地位的是公司股价被低估。

2. 配合股权激励计划的实施

若使用回购的股票作为股权激励计划，有助于增加管理层持股比例的同时，紧密联系管理层利益与股东利益，加强管理层对公司的运营。同时，还可以避免其他方式实施股权激励计划所造成的每股盈余稀释的情况。

过去由于我国不允许保留库藏股，股权激励计划一直无法实施。在 2005 年 8 月，证监会颁布的《关于上市公司股权分置改革的指导意见》提出上市公司在完成股权分置改革的前提下，可以通过再融资实施管理层股权激励，这一指导意见的提出推动了我国实施股权激励的进程。之后与此相关的股权激励文件陆续出台，上市公司越来越关注以股权激励为动机的股票回购，在不久的将来这种类型的回购动机将在股票回购中占据越来越重要的地位。

（二）股票回购的市场效应相关文献回顾

1. 国外的研究成果

美国是最早开始实行股票回购，因此很多学者对股票回购市场效应的研究都是以美国市场为样本,后来才逐渐有了加拿大等国的市场作为样本的替换方案。

Comment 与 Jarrell（1991）对股票回购公告的市场效应深入研究后发现,公告后的平均超常收益率和累计超常收益率均为正值,说明回购公告对市场有正向影响。但以上的结果只是针对股票回购公告的短期效益,因此 Ikenberry（1995）对 1980~1990 年美国股票市场的股票回购不仅进行短期的市场效应检测,还对其长期的市场效应检测。他发现累计超常收益率在股票回购公告后 3~10 天为零,在回购公告 1~3 年才逐渐上升转为正值。说明市场对回购公告的响应有一定迟滞时间,在一定时间后才能对回购做出反应。

2. 国内的研究成果

相对于国外研究成果,我国学者对股票回购的研究虽然起步较晚,但也不缺乏优秀研究成果。

关于首次公告日的市场效应文献,徐国栋和迟铭奎尹（2003）对 2001 年前的五件回购事件研究证实,回购公告日和实施日的超常收益率均为正值这一信号,充分说明了股票回购有利于提高股价和公司市值。益智和张为群（2005）对我国 2004 年的股票回购事件研究同样证实了上述结论。随后梁丽珍（2006）深入研究了国内宣告股票回购 36 个案件,结果出现显著的正向超常收益,但是在公告前存在一定的信息泄露情况。

但以上文献对于累计超常收益率采用的是比较简单的 CAR 法,随着计算方法的进步,在近期的文献中改为采用异常绩效指标（API）。李斌、戴夫和卢蒋运（2010）采用异常绩效指标（API）计算超常收益率来衡量回购公告的市场效应,数据表明股票回购有利于提升股价。此外,黄虹和李炎（2014）采用同样的方法研究了中国和印度的 2008~2012 年五年间的股票回购,结果佐证上述观点,同时中国上市公司公告的市场效应更为显著。但一年后,印度公司的累计超常收益率却明显高于中国公司。进一步研究分析，这一差距来自双方不同的回购动机。

3. 文献述评

关于股票回购公告的市场效应，国内外大部分学者的研究结果都显示，公告日后的超常收益率都逐渐呈正向，股票回购公告的市场效应有显著的正面影响。但在国内的一些文献中指出，回购信息提前泄露这一现象普遍存在。

根据已有文献研究结论，我国股票回购动机分为以下四种，即减持国有股、优化公司的股本结构，配合股权分置改革、股价被低估，提升公司股价和与股权激励计划有关等。但是2015年股价的高涨与断崖式大跌，所迎来的第四次回购潮的动机又是什么呢，这些都需要总结。

（三）研究假设

当股票因为某种消息或某种突发事项使股价因此连续上涨或者下跌，从而影响了其在证券市场的正常交易，证券交易所便会对此实施停牌的措施。同时，这一措施也是证券交易所为了使市场信息可以更充分公平披露和维护广大投资者的利益。交易所和证监会采取多种措施督促公司对于相关信息的披露，要求公司股票尽快复牌。所谓"停牌容易复牌难"，如果公司只是为了及时止跌而被迫停牌，那么，如何复牌，要靠公司的"智慧"。相对于宣告股票回购的非停牌公司，和选择其他复杂的财务行为相比，宣告回购的停牌公司，其回购行为既符合停牌要求，日后执行或不执行，或象征性执行回购都较容易解释。所以有可能存在复牌借口动机，因此，本文提出复牌借口假说，即上市公司为了止跌而强行停牌，利用信号传递理论，假借价值低估，宣告回购公告，再意图利用股票回购手段来达到复牌的目的。我国股市对该"把戏"如果存在识别度的话，那么市场会做出消极反应,并存在复牌后的补跌现象。

H5-6:根据信号传递理论和价值低估假说,在断崖式下跌后,2015年我国A股市场发生的股票回购公告的市场反应总体上是积极的。

H5-7:根据弱有效市场理论,上市公司如果仅仅为了复牌找借口而宣告的不良动机回购,市场是有鉴别度的,会给出消极反应,且有可能存在复牌补跌现象。

三、研究设计

(一) 样本和数据

2015年1月1日至2015年11月8日共有41件股票回购事件,其中有14件完成回购。其中,交大昂立由于从2015年8月3日至2015年12月25日停牌,无法获取事件日发生后十天的数据,因而排除了。所以本文样本对象选取2015年1月1日至2015年11月8日所发生的40件股票回购。

关于停牌因素方面,停牌时间与首次公告日基本吻合,共有19家公司在事件窗前后10天发生过停牌,占到样本量的47.5%,其中有10家的首次公告日便是复牌的当天,3家的首次公告日是停牌日的前一天。

本部分采用的回购公告均来源于中国深圳证券交易所网站、上海证券交易所网站、东方财富网以及巨潮资讯网,研究数据来源于锐思数据库。

(二) 标准事件研究法

本部分采用了事件研究法和API法,通过了解和掌握在回购前后公司股价的上下波动状况,来判断回购公告的市场效应。本部分选定的事件为 2015 年我国所发生的股票回购公告,公司的股价与回购公告应为正相关关系。因此,若股价上涨,表明正向作用显著;否则认为回购公告反应不显著,此时的超常收益率可能为零,也有可能为负。根据上述结论,本部分采用 API 作为研究股票回购公告收益反应的衡量指标,根据其涨跌形势判断上市公司回购公告的市场效应。

1. 实际收益率的计算

单只股票样本和市场的收益率是根据单只股票样本在当天与前一天的收盘价计算,市场的收益率同理。

个股实际日收益率:

$$R_t = \frac{P_t - P_{(t-1)}}{P_{(t-1)}} \qquad (5-8)$$

市场实际日收益率:

$$R_{mt} = \frac{D_t - D_{t-1}}{D_{t-1}} \qquad (5-9)$$

2. 超常收益率的计算

对于超常收益的研究,本部分根据回购股票的类型而选择了上证 180 指数、深圳指数和中小板指数,个股日超常收益率:

$$AR_{it} = R_{it} - \alpha_i - \beta_i R_{mt} \qquad (5-10)$$

N 只股票的平均超常收益率:

$$AAR_t = \frac{1}{n} \sum_{i=1}^{n} AR_{it} \qquad (5-11)$$

N 只股票的累计超常收益率:

$$A_i = \left[\prod (1 + A_{i,t}) \right] - 1 \qquad (5-12)$$

$$API_t = \frac{1}{n}\sum\left[\prod(1+A_{i,t})-1\right] \qquad (5-13)$$

一般研究是通过 CAR 法，它是对 N 只股票超常收益率累加合并的研究方法，优点是简单明了。但本部分为了提高数据的精确度，采用了 API 法，对 N 只股票超常收益率进行连乘后累加。

两者的区别在于计算方式不一样，API 法是累乘，CAR 法是累加。本部分采用 API 法的原因有两个：一是采用 API 法可以使数据更为精确，例如，当股价在 0 时的价格为 100 元/股，一周后股价上涨了 10%，此时的收益为 100×10%＝10 元，一周后又上涨 10%，此时本利和采用 CAR 法的算法便是 100×(1＋10%＋10%)＝120 元，而采用 API 法的算法便是 100×(1＋10%)×(1＋10%)＝121 元，API 法比 CAR 法更为精准接近实际收益。二是方法不同导致投资者持股的假设也有所不同。CAR 法主要是假设投资者每天都拥有同等数量的股票，而且是根据当天股票的开盘价买入，根据当天的收盘价卖出。而 API 法是假设投资者可以在任何时点进行交易，并根据股票当天的最高价卖出，当天的最低价买入，投资者在持股时计算盈利是采用环比方式，因此本部分选取累乘的方式（API 法）来计算股票每日的累计超常收益。

3. 确定事件期

根据国内文献，本部分将股票回购预案公布当日设为事件日，记作 $t=0$。如果该预案公布当日恰好是股市休市或该股票停牌，则选择该预案公布后的第一个交易日设为事件日。

同时，本部分确定的回购事件窗时间为事件当日发生前后的天数，记作 –T 日至 T 日，即从事件公告日前的第 T 天到公告日后的第 T 天。取事件当日发生前后的十天，记作 [–10，10]。在本部分中，把事件日发生的前 40 天到前 10 天为估计窗。事件窗选择事件当日发生前后十天的原因是，事件窗如果选择的时间过长，期间会发生许多其他公告或者事项，为股票回购市场效应增加了不确定因素，从而影响到实证结果。而且21天的事件窗可以有充足的时间来看出该公告对事件产生的影响和发展趋势。

四、复牌借口动机假说检验

（一）全样本的统计性描述

2015年股票回购公司平均超常收益率和累计超常收益率的变动如图5.9所示。

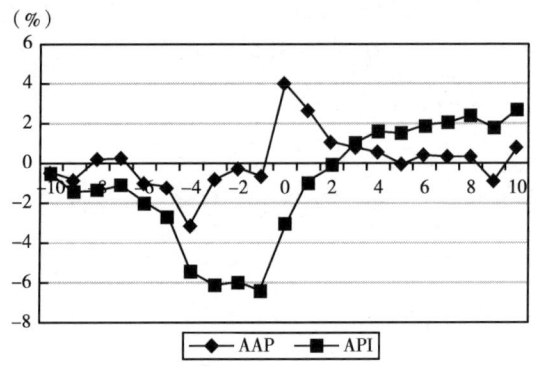

图5.9 2015年股票回购公司平均超常收益率和累计超常收益率

公司的平均超常收益率（AAP）在公告日前基本小于零。在[-7，-4]阶段，AAP不断下降，并达到最低值-3.15%。但随着股票回购公告日的临近，AAP在[-4，-2]阶段出现上升的趋势，但仍是处于负值。在公告日当天，AAP由负转正，并达到最大值3.94%。随后涨幅降低，涨速放缓，但仍处于正向移动，说明股价在[0，4]阶段超常收益效果显著。从第4日开始在0%的水平上下保持平稳波动，回购公告影响开始变弱。

第五章 基于股票回购行为的相关研究

相应地,从图5.9还可以看出,公司的累计超常收益率(API)在公告日发出前都是处于负值,并且在 [-6, -3] 呈现大幅度的下滑现象。在公告日当天,API 相较于前一日的 -6.44% 上升到 -3.01%,虽然仍是出于负值阶段,但是有接近50%的上涨幅度,说明回购公告发布还是会给公司带来显著的超常收益率。随后在第2日 API 已回到 -0.1%,并在第3日起,API 开始有显著的上升趋势,且移动幅度较为平稳,直到第9日稍有回落,但在第10日反弹上涨,达到最大值 2.68%。

针对系统性描述的结果,对股票回购公司超常收益率是否显著大于零进行检验。假设零为界限,如果 API 值大于零,说明股票回购公告的市场效应显著,反之说明回购公告的市场效应不显著。采用 t 检验对超常收益的显著程度进行检测。

设 $H_0: API \leq 0$,备择 $H_1: API > 0$。

$$t = \frac{\overline{X}}{S/\sqrt{n}} \quad (5-14)$$

结果如表5.13所示。

表5.13　　2015年股票回购公司累计超常收益率 t 值

指标	95%的置信水平下,检验值=0时			
	t 值	p 值	下限	上限
累计超常收益率	-1.639	0.117	-2.417%	0.290%
指标	90%的置信水平下,检验值=0时			
	t 值	P 值	下限	上限
累计超常收益率	-1.639	0.117	-2.182%	0.055%

资料来源:锐思数据库。

根据 t 检验结果,我们可以看出,在95%的置信水平下,即 $\alpha = 0.05$ 时,股票回购公司 API 的 $p = 0.117 > \alpha$,接受原假设,所以 $API \leq 0$。为了进一步检测,把置信水平减低到90%再做检验,根据 t

检验结果,在90%的置信水平下,即 $\alpha = 0.1$,股票回购公司 API 的 $p = 0.117 > \alpha$,接受原假设,所以 $API \leq 0$。这说明,2015年股票回购公司在事件窗口内表现出了的正向累计超常收益率不显著,市场对于回购公告的反应应该是明显出现分歧,不支持假设 H5-6。

(二) 分样本的统计性描述及检验

1. 宣称动机的检验

根据回购公告所知,2015年股票回购目的只有两种。第一种:证券市场非理性下跌,股票的投资价值被低估;第二种:为了提高员工的凝聚力和公司竞争力,实施公司员工持股计划,作为股权激励。根据前述方法,图 5.10 显示了两种回购动机的公司累计超常收益率(API)。

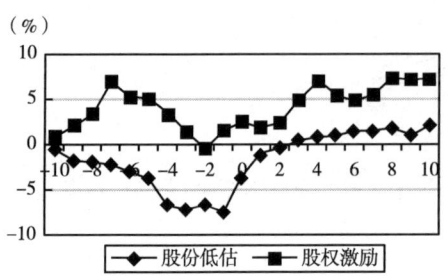

图 5.10 2015年两种回购动机的公司累计超常收益率

资料来源:锐思金融数据库。

从图 5.10 可以看出,股价低估动机的 API 在 [-10,-1] 是呈大幅度下跌趋势且处于负向收益阶段,在公告当日虽然有所回升,但仍是负向收益,直到第3天,API 转为正向收益,并保持稳定的增长趋势。而股权激励动机的公司累计超常收益率明显好于股价低估的公司累计超常收益率,虽然 API 在 [-7,-2] 呈下降趋势,但基本处于正收益阶段,并在公告日后波浪上升。

针对上述结果，对两种回购动机的累计超常收益率进行独立样本 t 检验，结果如表 5.14 和表 5.15 所示。

表 5.14　　两种回购动机累积超常收益率的独立样本 T 组统计量

API	N	均值	标准差
股价低估	21	-1.797%	3.161%
股权激励	21	4.073%	2.395%

注：N 为事件期长短，数据来源为锐思数据库。

表 5.15　　两种回购动机累计超常收益率独立样本 t 检验

API	方差方程的 Levene 检验		均值方程的 t 检验			
	F	Sig	t 值	p 值	95% 的置信区间	
					下限	上限
假设方差相等	1.253	0.270	-6.783	0.000	-7.619%	-4.121%
假设方差不相等			-6.783	0.000	-7.623%	-4.117%

资料来源：锐思数据库。

通过 F 检验，F 值为 1.253 的情况下，显著水平为 0.27 > 0.05。因此看假设方差相等的 t 值对应的 P 值，$p = 0.00 < \alpha$，认为在 5% 的情况下，股价低估的累计超常收益率和股权激励的累计超常收益率的方差相等，两者具有可比性。因此，从均值中可以看出股权激动机回购公告比股价低估动机回购公告的市场效应显著好，可见宣称价值低估也可能是复牌借口。

2. 复牌借口检验

停牌公司和非停牌公司在时间窗范围内的平均超常收益率和累计超常收益率如表 5.16 所示。

表 5.16 2015 年停牌和非停牌股票回购公司超常收益率明细表

日期	停牌		非停牌	
	AAP	API	AAP	API
-10	-0.51%	-0.51%	-0.57%	-0.57%
-9	-2.39%	-2.81%	0.42%	-0.10%
-8	0.00%	-2.86%	0.20%	0.08%
-7	0.35%	-2.53%	0.05%	0.19%
-6	-2.25%	-4.76%	-0.04%	0.43%
-5	-3.68%	-8.02%	0.94%	2.04%
-4	-4.84%	-12.27%	-1.63%	0.76%
-3	-1.28%	-13.63%	-0.53%	0.66%
-2	-2.09%	-15.31%	1.24%	2.46%
-1	-3.00%	-17.52%	1.39%	3.59%
0	3.71%	-14.63%	4.15%	7.50%
1	3.67%	-11.84%	1.64%	8.91%
2	1.92%	-9.96%	0.19%	8.83%
3	1.28%	-8.62%	0.33%	9.70%
4	2.18%	-6.27%	-1.03%	8.66%
5	-0.14%	-5.97%	0.00%	8.24%
6	-0.79%	-6.80%	1.47%	9.66%
7	0.38%	-6.59%	0.26%	9.80%
8	0.54%	-6.02%	0.08%	10.10%
9	-2.06%	-7.36%	0.09%	10.05%
10	0.35%	-7.01%	1.06%	11.44%

资料来源：锐思金融数据库。

从图 5.11 明显看出，在事件窗内停牌公司在整个事件窗内的 API 都是负值。在 [-7, -1] 阶段，API 大幅度呈递减趋势，并在公告前一天达到最小值 -14.63%。在公告当日以及 [1, 5] 阶段，API 保持平稳递增趋势，但仍是负值。在第 5 日后，API 在 -6.8% 上下浮动。说明停牌公司回购公告的呈现负的市场效应，对公司股价的提升无作用。

第五章 基于股票回购行为的相关研究

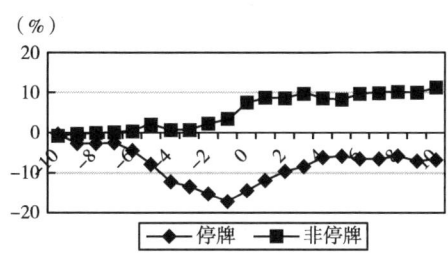

图 5.11　2015 年停牌和非停牌股票回购公司累计超常收益率

资料来源：锐思数据库。

而非停牌公司在事件窗内，API 明显呈直线上升趋势。在 [-10，-3] 阶段，API 在零上下浮动，在 -3 日起，API 明显以递增的速度上涨，非停牌公司回购公告的市场效应显著。在 [2，9] 阶段保持平稳的波动增长，并且在第 10 日达到最大值 11.44%，股票回购的影响持久。

2015 年在事件窗期间非停牌公司的 AAP 和 API 明显要比停牌公司的高，且数值大多为正值，回购公告呈现市场正效应，向社会公众传递了公司十分具有投资价值的信号。

为了进一步验证停牌公司与非停牌公司回购公告后 API 的变化差异，对两者进行独立样本 t 检验，检验结果如表 5.17 和表 5.18 所示。

表 5.17　停牌公司与非停牌公司累计超常收益率的独立样本 T 组统计量

API	N	均值	标准差
停牌公司	21	-8.156%	4.594%
非停牌公司	21	5.354%	4.453%

注：N 为事件期长短，数据来源为锐思数据库。

资料来源：锐思数据库。

通过 F 检验，F 值为 0.68 的情况下，显著水平为 0.41 > 0.05。因此看假设方差相等的 t 值对应的 P 值，$p = 0.00 < \alpha$，认为在 5% 的

情况下，停牌公司 API 和非停牌公司 API 的方差相等，两者具有可比性。非停牌公司 API 的均值明显大于停牌公司 API 的均值，说明停牌公司回购公告的市场效应比非停牌公司显著，支持复牌借口假说，即假设 H5-7 成立。

表5.18　　停牌公司与非停牌公司累计超常收益率独立样本 T 检验

API	方差方程的 Levene 检验		均值方程的 t 检验			
	F	Sig	t 值	p 值	95%的置信区间	
					下限	上限
假设方差相等	0.680	0.410	-9.675	0.00	-16.332%	-10.688%
假设方差不相等			-9.675	0.00	-16.332%	-10.688%

资料来源：锐思数据库。

由于存在停牌公司的 API 为负向收益，从而影响了回购公告公司的总体样本 API，导致其出现正向累计超常收益率不显著的情况。以上结论证实了2015年股票回购公司在事件窗口内表现出了显著的负向累计超常收益率是非正常效应现象。

2015年证券市场经历高峰同时又出现急剧的崩盘，许多公司选择停牌来避免股价下跌。经过调查，19家停牌公司中有10家公司的股票首次回购公告日与复牌日是同一天，也支持了股票回购是复牌借口假说。对这19家停牌公司分成了复牌日与公告日同一天以及复牌日与公告日非同一天的两种类型，其超常收益率如表5.19所示。

表5.19　　停牌公司两种分类的超常收益率明细表

日期	复牌日与公告日同一天		复牌日与公告日非同一天	
	AAP	API	AAP	API
-10	-0.48%	-0.48%	-0.54%	-0.54%
-9	-4.18%	-4.50%	-0.41%	-0.92%

续表

日期	复牌日与公告日同一天		复牌日与公告日非同一天	
	AAP	API	AAP	API
-8	0.51%	-4.06%	-0.57%	-1.53%
-7	0.91%	-3.25%	-0.26%	-1.73%
-6	-2.43%	-5.73%	-2.04%	-3.68%
-5	-5.53%	-10.66%	-1.62%	-5.08%
-4	-4.15%	-14.13%	-5.59%	-10.19%
-3	-1.04%	-15.44%	-1.55%	-11.61%
-2	-3.61%	-18.11%	-0.40%	-12.20%
-1	-3.74%	-20.63%	-2.17%	-14.07%
0	2.38%	-19.65%	5.19%	-9.05%
1	5.64%	-15.29%	1.47%	-8.01%
2	1.33%	-14.21%	2.57%	-5.25%
3	2.05%	-12.47%	0.42%	-4.35%
4	0.67%	-11.73%	3.86%	-0.20%
5	-1.26%	-12.49%	1.11%	1.28%
6	-1.24%	-13.45%	-0.29%	0.59%
7	0.25%	-13.33%	0.52%	0.91%
8	-0.35%	-13.59%	1.52%	2.40%
9	-4.10%	-16.59%	0.21%	2.90%
10	0.03%	-16.79%	0.70%	3.86%

资料来源：锐思金融数据库。

从图5.12，可以更加清晰地看出，10家复牌日与公告日同一天的公司平均超常收益率（AAP）和累计超出收益率（API）基本为负值，其中API在公告日前一天达到最小值-20.63%，在公告日当天虽有提升，但上升空间小。在[4，10]阶段，API一路递减至16.79%。而复牌日与公告日非同一天的公司在公告日前一天也是最低值-14.07%，公告日后大幅度上升，在[4，10]阶段API为正值并平稳上升。两者相比，复牌日与公告日同一天的公司股票回购这一举措毫无作用，可能只是复牌的借口。

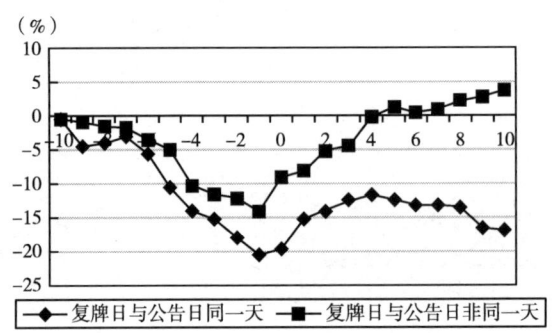

图 5.12　停牌公司两种分类的超常收益率对比

因此，上市公司可以利用股票回购的不良动机达到停复牌目的，但是对于稳定股价似乎作用不大。

3. 市场对不良回购动机识别能力的进一步验证

针对本次回购的非正常现象，对股票和市场的涨跌幅进行计算。其中实施回购公司的涨幅比深指、上证指数、中小板指数的涨幅都要高，说明股票在前期存在疯长情况，在最高点时候过度溢价。同时由于前期上涨过多，而在公告日前的下降幅度仍低于上涨幅度。因此，对于此非正常效应现象，并不是所有股票在宣告回购时都存在股价被低估的问题，有可能是过度上涨的原因，那么那些前期过度上涨的股票，即使宣告价值被低估而采取了回购停牌策略，也可能在复牌时，存在补跌情况。2015 年进行回购的股票与市场涨跌幅对比如表 5.20 所示。

除此以外，在 2015 年的 6 月过去的 11 个交易日中，上证综合指数冲破 5000 点的欢呼声犹在耳边时，随之而来便是七年来的最大单周跌幅，呈现垂直式下跌。因此，在 7 月最初的 10 天内，众多公司陆续宣布停牌，希望以此来止跌。从投资者心理分析来看，相对于在暴跌中依旧坚挺而非停牌的公司，停牌这一行为给市场传递出对自身股价缺乏信心的信号，投资者对此失去信心，就会纷纷丢盔弃甲，即使随后宣布回购公告也没能有所起色，可能是因为投资者的心理恐慌造成的。

表 5.20　　　　　　　股票与市场涨跌幅对比

名　称	涨幅	跌幅
中小板市场指数	81.00%	-46.15%
中小板市场实施回购的股票	91.09%	-62.74%
上证综合指数	48.92%	-37.15%
上证市场实施回购的股票	65.32%	-44.59%
深圳指数	51.69%	-47.61%
深圳市场实施回购的股票	63.88%	-46.00%

注：涨幅是由 2015 年 1 月 1 日至最高收盘价的每日涨幅累加，再除以样本数；跌幅是由最低收盘价后一日至停牌日或回购公告前一日的每日跌幅累加，再除以样本数。

五、结　论

本部分对我国 2015 年发生的股票回购事件进行了研究分析，主要得出以下结论：

从 2015 年整体样本来看，我国上市公司首次公告日后的正向日均超常收益率和累计超常收益率并不显著。其中停牌因素、补跌情况、投资者恐慌心理等是造成本次回购公告非正常市场效应的原因。

不同动机回购公告的市场信号传递强弱不同，股权激励动机的超常收益率显然好于股价低估动机的超常收益率。

本部分分别对于停牌公司和非停牌公司进行了股票回购的市场效应研究，发现非停牌公司的 API 显然好于停牌公司的 API，并存在明显的差距，两者对 API 影响不一，对于整体的正向累计超常收益率有一定影响。同时，复牌日与公告日同一天的公司 API 均为负值，结论是证实了股票回购存在着复牌借口假说。但是对于该种"把戏"市场并未上当，有一定的甄别能力。

在本次回购潮中，有 32 家上市公司有实施公告日，其中 21 家上市公司有实施回购，11 家上市公司因未达到回购条件而回购数量为 0 或未开展回购，还有 8 家上市公司除了首次公告日后再无消息。因此，有关部门对于上市公司实施股票回购进行强而有力的监督管理，不能对公告发布当天实施监督，对其公告后的回购进度要有所跟进，防止上市公司为了提升股价而提出股票回购的幌子。

参 考 文 献

第一章 参考文献

[1] Alice A. Bonaimé, Kristine W. Hankins, Bradford D. Jordan. 2012. Is Managerial Flexibility Good for Shareholders? Evidence from Share Repurchases. working paper.

[2] Baker, M. and Wurgler, J. 2002. Market timing and capital structure. Journal of Finance 57: 1 – 32.

[3] Bargeron, Leonce, Manoj Kulchania, and Shawn Thomas. 2011. Accelerated share repurchases. Journal of Financial Economics 101, 69 – 89.

[4] Ben-Rephael, Azi, Jacob Oded, and Avi Wohl. 2010. Do firms buy their stock at bargain prices? Evidence from actual stock repurchase disclosures. Working paper.

[5] Billett, Matthew T., and Hui Xue. 2007. The takeover deterrent effect ofopen market share repurchases. Journal of Finance 62, 1827 – 1850.

[6] Brockman, Paul, and Dennis Y. Chung. 2001. Managerial timing and corporate liquidity: Evidence from actual share repurchases. Journal of Financial Economics 61, 417 – 448.

[7] Campbell, T. Colin, Michael Gallmeyer, Shane A. Johnson, Jessica Rutherford, and Brooke W. Stanley. 2011. CEO optimism and forced turnover. Journal of Financial Economics 101, 695 – 712.

[8] Carr, P., Geman, H., and Madam, 2001. Dillp B. Pricing and hedging in incomplete markets. Journal of Financial Econmics 62: 131 – 167.

[9] Chan, Konan, David L. Ikenberry, and Inmoo Lee. 2004. Economic sources of gain in stock repurchases. Journal of Financial and Quantitative Analysis 39, 461 – 479.

[10] Chan, Konan, David L. Ikenberry, and Inmoo Lee. 2007. Do managers time the market? Evidence from open-market share repurchases. Journal of Banking and Finance 31, 2673 – 2694.

[11] Chen, Sheng-Syan, and Yanzhi Wang. 2012. Financial constraints and share repurchases. Journal of Financial Economics 105, 311 – 331.

[12] Cook, Douglas O., Laurie Krigman, and J. Chris Leach. 2004. On the timing and execution of open market repurchases. Review of Financial Studies 17, 463 – 498.

[13] De Cesari, Amedeo, Susanne Espenlaub, Arif Khurshed, and Michael Simkovic. 2012. The effects of ownership and stock liquidity on the timing of repurchase transactions. Journal of Corporate Finance 18, 1023 – 1050.

[14] DeAngelo, Harry, Linda DeAngelo, and Douglas J. Skinner. 2008. Corporate Payout Policy, Foundations and Trends in Finance 3, 95 – 287.

[15] Dittmar, Amy K. 2000. Why do firms repurchase stock? Journal of Business 73, 331 – 355.

[16] Dittmar, Amy K., and Robert F. Dittmar. 2008. The timing of financing decisions: An examination of the correlation in financing waves. Journal of Financial Economics 90, 59 – 83.

[17] Fama, E. F. and French K. R. 2002. Testing tradeoff and pecking order predictions about dividends and debt. Review of Financial Studies 15: 1 – 33.

［18］Fama, E. F. and French, K. R. 1998. Taxes, financing decisions, and firm value. Journal of Finance 52 (3): 819 – 843.

［19］Fama, E. F., and French, Kenneth R. 1992. The cross-section of expected stockreturns. Journal of Finance 47: 427 – 465.

［20］Gong, Guojin, Henock Louis, and Amy X. Sun. 2008. Earnings management and firm performance following open-market repurchases. Journal of Finance 63, 947 – 986. 22

［21］Grullon, Gustavo, and Roni Michaely. 2002. Dividends, share repurchases, and the substitution hypothesis. Journal of Finance 57, 1649 – 1684.

［22］Guay, Wayne, and Jarrad Harford. 2000. The cash-flow permanence and information content of dividend increases versus repurchases. Journal of Financial Economics 57, 355 – 384.

［23］Hirshleifer, David, Angie Low, and Siew Hong Teoh. 2012. Are overconfident CEOs better innovators? Journal of Finance forthcoming.

［24］Hribar, Paul, Nicole Throne Jenkins, and W. Bruce Johnson. 2006. Stock repurchases as an earnings management device. Journal of Accounting and Economics 41, 3 – 27.

［25］Hovakimian, A., Hovakimian, G., and Tehranian, H. 2004. Determinants of target capital structure: The case of dual debt and equity issues. Journal of Financial Economics 71: 517 – 540. 105.

［26］Ikenberry, David L., and Theo Vermaelen. 1996. The option to repurchase stock. Financial Management 25, 9 – 24.

［27］Ikenberry, David L., Josef Lakonishok, and Theo Vermaelen. 1995. Market under reactions to open market share repurchases. Journal of Financial Economics 39, 181 – 208.

［28］Ikenberry, David L., Josef Lakonishok, and Theo Vermaelen. 2000. Stock repurchases in Canada: Performance and strategic trading. Journal of Finance 55, 2373 – 2397.

[29] Jagannathan, Murali, Clifford P. Stephens, and Michael S. Weisbach. 2000. Financial flexibility and the choice between dividends and stock repurchases. Journal of Financial Economics 57, 385 – 415.

[30] Jensen, Michael C. 1986. Agency costs of free cash flow, corporate finance, and takeovers. American Economic Review 76, 323 – 329.

[31] Jensen, M. C. 1986. Agency costs of free-cash-flow, corporate finance, and takeovers. American Economic Review, 76: 323 – 329.

[32] Jensen, M. G. and Merckling, W. H. 1976. Theory of the firm: managerialbehavior, agency costs and ownership structure. Journal of Financial Economics 5: 305 – 360.

[33] Kahle, Kathleen M. 2002. When a buyback isn't a buyback: Open market repurchases and employee options. Journal of Financial Economics 63, 235 – 261.

[34] Kolasinski, Adam C., and Xu Li. 2011. Do independent directors restrain overconfident CEOs? Working paper.

[35] Malmendiere, Ulrike, and Geoffrey Tate. 2005. CEO overconfidence and corporate investment, Journal of Finance 60, 2661 – 2700.

[36] Mania, M. A general problem of an optimal equivalent change of measure and contingent claim pricing in an incomplete marker. Stochastic Processes and Their applications, 2000, 90: 19 – 42.

[37] Massa, Massimo, Zahid Rehman, and Theo Vermaelen. 2007. Mimicking repurchases. Journal of Financial Economics 84, 624 – 666.

[38] McConnell, J. and Servaes H. Additional evidence on equity ownership and corporate value. Journal of Financial Economics, 1990, 27: 595 – 612.

[39] Modigliani, F., and Miller, M. H. The cost of capital corporation finance and the theory of investment: A comment. American Economic

Review, 1958, 58: 261 – 297.

[40] Myers, S. C. and Majluf, N. S. 1984. Corporate financing and investment decisions whenfirms have information that investors do not have. Journal of Financial Economics13: 187 – 221.

[41] Ross, Stephen A., Randolph W. Westerfield, and Bradford D. Jordan. 2012. Fundamentals of Corporate Finance (McGraw – Hill, New York).

[42] Ross, S. 1977. The Determination of financial structure: the incentive signalling approach. Bell Journal of Economics 8: 23 – 40.

[43] Sheng Huang, Anjan V. Thakor. 2011. Investor Heterogeneity, Investor-Management Disagreement, and Open-Market Share Repurchases. working paper.

[44] Skinner, Douglas J. 2008. The evolving relation between earnings, dividends, and stock repurchases. Journal of Financial Economics 87, 582 – 609.

[45] Stein, J. C. 1996. Rational capital budgeting in an irrational world. Journal of Business 69: 429 – 455.

[46] Stephens, Clifford, and Michael Weisbach. 1998. Actual share reacquisitions in open-market repurchase programs. Journal of Finance 53, 313 – 333.

[47] Titman, S. 1984. The effect of capital structure on a firm's liquidation decision. Journal of Financial Economics, 13: 137 – 151.

[48] Vermaelen, Theo. 1981. Common stock repurchases and market signaling: An empirical study. Journal of Financial Economics 9, 139 – 183.

[49] 干胜道, 林敏. 论股票回购影响企业价值的路径 [J]. 财经科学 2010 (01): 71 – 75.

[50] 郝颖. 大股东控制下的中国上市公司投资行为特征研究 [D]. 重庆大学, 2007.

[51] 胡志强, 卓琳玲. IPO 市场时机选择与资本结构关系研究——基于中国上市公司面板数据的实证研究 [J]. 金融研究, 2008, (10). 136-149.

[52] 黄虹, 刘佳. 中国公司股票回购效应 [J]. 经济管理, 2009 (8): 6-11.

[53] 黄虹, 施婧. 我国股票回购的集聚现象与经济周期有关吗? [J]. 中国软科学, 2012 (增刊): 324-332.

[54] 黄莲琴, 傅元略. 管理者过度自信与公司融资策略的选择 [J]. 福州大学学报 (哲学社会科学版), 2010, (4). 12-19.

[55] 江伟. 管理者过度自信, 融资偏好与公司投资 [J]. 财贸研究, 2010, (1). 130-138.

[56] 姜付秀, 张敏, 陆正飞, 陈才东. 管理者过度自信、企业扩张与财务困境 [J]. 经济研究, 2009, (1). 131-143.

[57] 李善民, 陈文婷. 企业并购决策中管理者过度自信的实证研究 [J]. 中山大学学报 (社会科学版), 2010, (5). 192-201.

[58] 李云鹤, 李湛. 自由现金流代理成本假说还是过度自信假说?——中国上市公司投资现金流敏感性的实证研究 [J]. 管理工程学报, 2011, (3). 155-161.

[59] 刘端, 陈收, 陈健. 市场时机对资本结构影响的持续度研究 [J]. 管理学报, 2006, (1). 85-90

[60] 刘星, 郝颖, 林朝南. 再融资政策、市场时机与上市公司资本结构——兼析股权融资偏好的市场条件 [J]. 科研管理, 2007, (4). 115-125.

[61] 史永东, 朱广印. 管理者过度自信与企业并购行为的实证研究 [J]. 金融评论, 2010, (2). 73-125

[62] 谭劲松, 陈颖. 股票回购-公共治理目标下的利益输送-我国证券市场股票回购案例的分析 [J]. 管理世界, 2007 (4): 105-117.

[63] 汪光成. 基金的市场时机把握能力研究 [J]. 经济研究, 2002, (1). 48-55.

[64] 王霞, 张敏, 于富生. 管理者过度自信与企业投资行为异化——来自我国证券市场的经验证据 [J]. 南开管理评论, 2008, (2). 77-83.

[65] 王正位, 朱武祥, 赵冬青. 发行管制条件下的股权再融资市场时机行为及其对资本结构的影响 [J]. 南开管理评论, 2007, (6). 40-46.

[66] 吴世农, 李培标. 中国投资基金证券选择和时机选择能力的实证研究 [J]. 经济管理, 2002, (4). 65-70.

[67] 肖作平. 中国上市公司资本结构影响因素研究 [D]. 厦门大学, 2004.

[68] 徐国栋, 迟铭奎. 股票回购与公司价值——理论与实证分析 [J]. 管理科学, 2003 (4, 16): 61-64.

[69] 薛爽. 以退市为目的之股票回购的时机选择与定价影响因素——中石油回购旗下三家上市公司流通股的案例研究 [J]. 上海立信会计学院学报, 2008 (3): 34-40.

[70] 余明桂, 夏新平, 邹振松. 管理者过度自信与企业激进负债行为 [J]. 管理世界, 2006, (8). 104-125.

第二章 参考文献

[1] M, B. Market timing and capital structure. Journal of Fanance. 2002. 55: 1-32.

[2] Vermaelen. Common stock repurchases and market signaling: An empirical study. Journal of Financial Economics. 1981 (9): 139-183.

[3] Ga, C. J.. The relative signaling power of Dutch-Aution and fixed-price self-tender offers and open-market share repurchases. Journal of Finance. 1991. 46 (4): 1243-1271.

[4] Ikenberry, D. L. . Market under reactions to open market share repurchases. Journal of Financial Economics. 1995 (39): 181 – 208.

[5] Zsidisina, A. . Evaluation criteria development and assessment of purchasing and supply management journals. 2007. 25 (1): 165 – 183.

[6] Clifford, P. S. . Actual share reacquisition's in open-market repurchase programs. Journal of Finance. 1998 (53): 313 – 333.

[7] Jagannathan, M. . Financial flexibility and the choice between divends and stock repurchases. Jounal of Financial Economics. 2000 (55): 385 – 415.

[8] Douglas, O. C. On the timing and execution of open market repurchases. Review of Financial Studies. 2004 (17): 463 – 498.

[9] Bebchuk, L. A. and J. M. Fried. Pay without performance: overview of the issues. Journal of Applied Corporate Finance. 2005. 17 (4): 8 – 23.

[10] Chan, K. , I. D. L and L. Inmoo. Do managers time the market? Evidence from open-market share repurchases. Journal of Banking and Finance. 2007 (33): 2673 – 2694.

[11] Bozanic. Managerial motivation and timing of open market share repurchases. Review of Quantitative Finance & Accounting. 2010. 34 (4): 517 – 531.

[12] Decesari, A. The effects of ownership and stock liquidity on the timing of repurchase transactions. Journal of Corporate Finance. 2012 (18): 1023 – 1050.

[13] Ikenberry, D. Stock repurchases in Canada: Performance and strategic trading. Journal of Finance. 2000. 55 (5): 2373 – 2397.

[14] Mcnally, E. . Models of the effects of monitoring on perceptions of trust. The Business Review. 2006. 6 (1): 51 – 55.

[15] Zhang, H. . Share price performance following actual share

repurchases. Journal of Banking and Finance. 2005. 29（7）：1887 – 1901.

[16] Ginglinger, E.. Share repurchase regulations：do firms play by the rules? International Review of Law and Economics. 2009. 29（2）：81 – 96.

[17] Hribar, P.. Stock repurchases as an earnings management device. Journal of Accounting and Economics. 2006（41）：3 – 27.

[18] Malmendiere. CEO overconfidence and corporate investment. Journal of Finance. 2005（60）：2661 – 2700.

[19] T, C.. CEO optimism and forced turnover. 2011. 101（3）：517 – 531.

[20] Konan, C.. Do managers time the market? Evidence from open-market share repurchases. 2012（31）：2673 – 2694.

[21] Bonaime, A. A.. Is Managerial Flexibility Good for Shareholders? Evidence from Share Repurchases. 2012.

[22] 干胜道. 论股票回购影响企业价值的路径. 财经科学. 2010（1）：71 – 75.

[23] 黄虹. 上市公司回购股票原因探讨——基于通宝能源大股东股票回购的案例分析. 价格理论与实践. 2010（11）：58 – 59.

[24] 谭劲松. 股票回购-公共治理目标下的利益输送-我国证券市场股票回购案例的分析. 管理世界. 2007（4）.

[25] 徐国栋. 股票回购与公司价值——理论与实证分析. 管理科学. 2003（4）：60 – 64.

[26] 薛爽. 以退市为目的之股票回购的时机选择与定价影响因素——中石油回购旗下三家上市公司流通股的案例研究. 上海立信会计学院学报. 2008（3）：34 – 40.

第三章 参考文献

[1] B., M. Market timing and capital structure. Journal of Fanance. 2002（55）. 1 – 32.

[2] Vermaelen. Common stock repurchases and market signaling: An empirical study. Journal of Financial Economics. 1981 (9). 139 – 183.

[3] Ga, C. J. The relative signaling power of Dutch-Aution and fixed-price self-tender offers and open-market share repurchases. Journal of Finance. 1991. 4 (46). 1243 – 1271.

[4] Ikenberry, D. L. Market under reactions to open market share repurchases. Journal of Financial Economics. 1995 (39). 181 – 208.

[5] Chan, K. I. D. L. and L. Inmoo. Do managers time the market? Evidence from open-market share repurchases. Journal of Banking and Finance. 2007 (33). 2673 – 2694.

[6] Clifford, P. S. Actual share reacquisition's in open-market repurchase programs. Journal of Finance. 1998 (53). 313 – 333.

[7] Jagannathan. Financial flexibility and the choice between divends and stock repurchases. Jounal of Financial Economics. 2000 (55). 385 – 415.

[8] Cook, D. O. On the timing and execution of open market repurchases. Review of Financial Studies. 2004 (17). 463 – 498.

[9] Bebchuk, L. A. and J. M. Fried. Pay without performance: overview of the issues. Journal of Applied Corporate Finance. 2005. 4 (17). 8 – 23.

[10] Bozanic. Managerial motivation and timing of open market share repurchases. Review of Quantitative Finance & Accounting. 2010. 4 (34). 517 – 531.

[11] Decesari, A. The effects of ownership and stock liquidity on the timing of repurchase transactions. Journal of Corporate Finance. 2012 (18). 1023 – 1050.

[12] Ikenberry, D. Stock repurchases in Canada: Performance and strategic trading. Journal of Finance. 2000. 5 (55). 2373 – 2397.

[13] Mcnally. Models of the effects of monitoring on perceptions of trust. The Business Review. 2006. 1 (6). 51 – 55.

[14] Zhang, H. Share price performance following actual share repurchases. Journal of Banking and Finance. 2005. 7 (29). 1887 – 1901.

[15] Ginglinger, E. Share repurchase regulations: do firms play by the rules? International Review of Law and Economics. 2009. 2 (29). 81 – 96.

[16] Hribar, P. Stock repurchases as an earnings management device. Journal of Accounting and Economics. 2006 (41). 3 – 27.

[17] Malmendiere. CEO overconfidence and corporate investment. Journal of Finance. 2005 (60). 2661 – 2700.

[18] T, C. CEO optimism and forced turnover. 2011. 3 (101). 517 – 531.

[19] Konan, C. Do managers time the market? Evidence from open-market share repurchases. 2012 (31). 2673 – 2694.

[20] Bonaime, A. A. Is Managerial Flexibility Good for Shareholders? Evidence from Share Repurchases. 2012.

[21] Katz, R. The Effect of Group Longevity on Project Communication and Performance. Administrative Science Quarterly. 1982 (27). 81 – 104.

[22] Cox, T. Cultural Diversity in Organization: Theory, Research and Practice. Berrett-Koehler Publishers. 1984.

[23] L, S. T. Top Management Team Consensus, Heterogeneity and Debate as Contingent Predictors of Company Performance: The Complimentarity of Group Structure and Process. Academy of Management Proceedings. 1995. 62 – 66.

[24] D., K. and P. C. Top Management Team Diversity, Group Process, and Strategic Consensus. Strategic Management Journal. 1999. 3 (20). 445 – 465.

[25] Katehleen, S. What Execvutives Notice: Accurate Perceptions in Top Management Teams. Academy of Management Journal. 1994 (37).

1360 – 1378.

[26] E, E. Top Management Teams within Multinational Corporations: Effects of Cultural Heterogeneity. Leadership Quarterly. 1997. 4 (21). 987 – 1020.

[27] A, C. M. The Implications of Strategy and Social Context for the Relationship between Top Management Team Heterogeneity and Firm Performance. Strategic Management Journal. 2002. 3 (23). 275 – 284.

[28] 干胜道. 论股票回购影响企业价值的路径. 财经科学. 2010 (1). 71 – 75.

[29] 黄虹. 上市公司回购股票原因探讨——基于通宝能源大股东股票回购的案例分析. 价格理论与实践. 2010 (11). 58 – 59.

[30] 谭劲松. 股票回购 – 公共治理目标下的利益输送——我国证券市场股票回购案例的分析. 管理世界. 2007 (4).

[31] 徐国栋与迟铭奎. 股票回购与公司价值——理论与实证分析. 管理科学. 2003. 16 (4). 60 – 64.

[32] 薛爽. 以退市为目的之股票回购的时机选择与定价影响因素——中石油回购旗下三家上市公司流通股的案例研究. 上海立信会计学院学报. 2008. 22 (3). 84 – 95.

[33] 黄虹. 美国股票回购动机演变对我国回购市场的启示. 商业研究. 2007 (3). 123 – 128.

[34] 黄虹与李焱. 新兴市场股票回购公告的价值效应研究. 财经问题研究. 2014 (2). 52 – 59.

[35] 黄鸿燕. 我国新兴产业的股票回购研究. 财经界. 2014 (18). 41 – 42.

[36] 黄新建, 中国上市公司股权融资中的盈余管理研究, 2003, 重庆大学.

[37] 黄新建与张宗益. 中国上市公司宣布配股信息前后的盈余管理. 重庆大学学报（自然科学版）. 2004. 27 (6). 140 – 143.

[38] 李世新与张燕. 盈余管理、信号传递与研发支出资本化. 科技进步与对策. 2011. 28 (5). 14 - 19.

[39] 魏立群与王智慧. 我国上市公司高管特征与企业绩效的实证研究. 南开管理评论. 2002 (4). 16 - 22.

[40] 孙海法, 姚振华与闫茂盛. 高管团队人口统计特征对防止和信息技术公司经营绩效的影响. 南开管理评论. 2006 (6). 61 - 67.

[41] 古家军与胡蓓. 企业高层管理团队特征一致性对战略决策的影响——基于中国民营企业的实证研究. 管理工程学报. 2008 (3). 30 - 35.

[42] Bonaime, A. A. , K. W. Hankins and B. D. Jordan. Is managerial flexibility good for shareholders? Evidence from share repurchases. 2012.

第四章 参考文献

[1] Amy Dittmar and Robert Dittmar, The Timing of Stock Repurchases. Working paper. 2007.

[2] Lowry, M. , . Why does IPO volume fluctuate so much? Journal of Financial Economics 2003. 67, 3 - 40.

[3] Grullon, Gustavo. , Michaely, Roni. "The Information Content of Share Repurchase Programs". Journal of Finance, 2004. 651 - 680.

[4] Jensen, Michael C. , and Clifford W. Smith Jr. " Stockholder, Manager, and Creditor Interests: Applications of Agency Theory. " In Recent Advances in Corporate Finance, ed. Edward I. Altman and Marti G. Subrahmanyam, 93 - 132. Homewood, IL: Richard D. Irwin, 1985.

[5] Engle and Granger, Cointegration and Error Correction: Representation, Estimation and Testing, Econometrica, 1987, 55 251 - 276.

[6] 黄虹, 刘佳. 我国上市公司股票回购行为对股价的影响分析 [J]. 价格理论与实践, 2007, 11, (62 - 63).

第五章 参考文献

[1] Ikenberry, David L., Josef Lakonishok, and Theo Vermaelen. Market under reactions to open market share repurchases [J]. Journal of Financial Economics 1995, 39: 181-208.

[2] Li-Chin, J. H., Liu, C. S. Open-Market Stock Repurchase Announcements and Revaluation of Prior Accounting Information [J]. Texas: The Accounting Review, 1997, 72 (3): 475-487.

[3] Eric, Lie. Operating performance following open market share repurchase announcements [J]. Journal of Accounting and Economics. 2005 (01): 153-176.

[4] Hatakeda, Takashi, and Nobuyuki Isagawa, Stock Price Behavior Surrounding Repurchase Announcements: Evidence from Japan [J]. Pacific-Basin Finance Journal, 2004, 12 (3), 271-291.

[5] Born P, Giaccotto C, Ritsatos T. The Wealth and Information Effects of Insurers' Open Market Stock Repurchase Announcements [J]. California: Risk Management and Insurance Review, 2004, 7 (1): 25-40.

[6] 梁丽珍. 上市公司股票回购的公告效应及动因分析 [J]. 经济与管理研究, 2006, (12): 63-69.

[7] 李斌, 戴夫, 卢蒋运. 运用 API 法分析上市公司股票回购公告的市场效应 [J]. 财会月刊, 2010, (1): 28-30.

[8] 汪启涛, 王丽娟. 我国上市公司股票回购公告效应影响因素研究 [J]. 经济特区, 2011, (2): 141-143.

[9] Kaur, K., Singh, B. Impact of Share Buy-Back Announcements on Stock Prices: Evidence from India [J]. India: Advances in Management, 2010, 3 (7): 41-48.

[10] Hyderabad, H. Price Performance Following Share Buyback Announcements in India [J]. Dharwad: The Journal of Business Perspective, 2009, 13 (1): 59-78.

［11］丁保利，王胜海，刘西友.2012.股票期权激励机制在我国的发展方向探析.会计研究，6：76~80.

［12］顾斌，周立烨.2007.我国上市公司股权激励实施效果的研究.会计研究，2：79~84.

［13］黄虹，刘佳.2007.我国上市公司股票回购行为对股价的影响分析.价格理论与实践，11：62~63.

［14］柯爱娜.2009.中国上市公司股票回购公告市场反应及其影响因素的实证研究.厦门大学硕士学位论文.

［15］昆明制药（600422）中报、年报、公告，上海证券交易所（www.sse.com.cn），2004-2012.

［16］2010-2012年昆明制药集团股份有限公司限制性股票激励计划，上海证券交易所（www.sse.com.cn），2010.

［17］李斌，戴夫，卢蒋运.2010.运用API法分析上市公司股票回购公告的市场效应.财会月刊，1：28~30.

刘浩，孙铮.2009.西方股权激励契约结构研究综述——兼论对中国上市公司股权激励制度的启示.经济管理，4：166~168.

［18］梁丽珍.2006.上市公司股票回购的公告效应及动因分析.经济与管理研究，12：63~69.

［19］吕长江，郑慧莲，严明珠，许静静.2009.上市公司股权激励制度设计：是激励还是福利？管理世界，9：133~146.

［20］谭劲松，陈颖.2007.股票回购：公共治理目标下的利益输送——我国证券市场股票回购案例的分析.管理世界，4：105~117.

［21］吴育辉，吴世农.2010.高管薪酬：激励还是自利？——来自中国上市公司的证据.会计研究，11：40~48.

［22］徐宁，徐向艺.2010.股票期权激励契约合理性及其约束性因素——基于中国上市公司的实证分析.中国工业经济，2：100~109.

［23］徐宁，徐向艺.2011.中国上市公司股权激励契约安排与制度设计.山东大学博士学位论文.

[24] 周建波, 孙菊生. 2003. 经营者股权激励的治理效应研究——来自中国上市公司的经验证据. 经济研究, 5: 74~82.

[25] 张俊瑞, 赵进文, 张建. 2003. 高级管理层激励与上市公司经营绩效相关性的实证分析. 会计研究, 9: 29-34.

[26] Chen, A., M. Pelger and K. Sandmann, 2013. New performance-vested stock option schemes. Applied Financial Economics, 23 (8): 709~727.

[27] Chen, M. A., 2004. Executive option repricing, incentives, and retention. The Journal of Finance, 59 (3): 1167~1200.

[28] DeFusco, R. A., T. S. Zorn and R. R. Johnson, 1991. The association between executive stock option plan changes and managerial decision making. Financial Management, l. 20. 1: 36~43.

[29] Fama, E. F. and M. C. Jensen, 1983. Agency problems and residual claims. Journal of law and Economics, 26 (2): 327~349.

[30] Jensen, M. C. and W. H. Meckling, 1976. Theory of the firm: Managerial behavior, agency costs and ownership structure. Journal of financial economics, 3 (4): p. 305~360.

[31] Murphy, K. J., 1985. Corporate performance and managerial remuneration: An empirical analysis. Journal of accounting and economics, 7 (1): 11~42.

[32] Sapp, S. G., 2008. The impact of corporate governance on executive compensation. European Financial Management, 14 (4): 710~74.

后　　记

　　中国上市公司股票回购的时机研究刚刚起步,该书作为我负责的国家自然科学基金项目《中国上市公司股票回购时机研究:理论、实证与政策》结项的主要成果之一,主要是对近年来,我及我的学生在相关问题上发表的系列论文、会议论文和指导的毕业论文的总结。在此要感谢我的课题团队的合作者张鸣教授、姚亚伟、黄静、敬志勇等,以及我的学生肖超顺、柳琳、施婧、李焱、夏晓彤等,感谢国家基金委管理学部给予的经费支持,同时也要感谢刊发论文的《会计研究》《中国软科学》《财经问题研究》等杂志社。

作者

2017 年 11 月